Retrato Histórico de CRISTÓVÃO COLOMBO

AMÉRICA 500 AÑOS

COLEÇÃO JUBILEU
Os grandes acontecimentos históricos
em suas datas comemorativas

AMÉRICA: 500 ANOS

Retrato Histórico de Cristóvão Colombo, Marianne Mahn-Lot
Colombo: O mito desvendado, Hans Koning
A Conquista do Paraíso (Cristóvão Colombo e seu legado)
Kirkpatrick Sale
1492 — Descoberta ou Invasão?, Bernard Vincent
América em Tempo de Conquista, Ronaldo Vainfas (org.)

BICENTENÁRIO DA REVOLUÇÃO FRANCESA

A Interpretação Social da Revolução Francesa, Alfred Cobban
A Queda da Bastilha, Guy Chaussinand-Nogaret
A Revolução Francesa em Questões, Jacques Solé
A Revolução Francesa contra a Igreja, Michel Vovelle
Marx e a Revolução Francesa, François Furet

Sob a direção de J.L. Werneck da Silva (IFCS/UFRJ):

CENTENÁRIO DA ABOLIÇÃO DA ESCRAVATURA

Escravidão e Abolição no Brasil: Novas perspectivas,
Ciro Flamarion (org.)

CENTENÁRIO DA PROCLAMAÇÃO DA REPÚBLICA

O Feixe e o Prisma: Uma revisão do Estado Novo,
José Luiz Werneck da Silva (org.)
vol. 1: *O Feixe: O autoritarismo como questão teórica e historiográfica*
vol. 2: *O Prisma: O autoritarismo como prática do Estado Novo* (a sair)

Marianne Mahn-Lot

Retrato Histórico de CRISTÓVÃO COLOMBO

Tradução:
Lucy Magalhães

Revisão técnica:
Ronaldo Vainfas
Doutor em História pela USP
Professor Adjunto da UFF

Jorge Zahar Editor
Rio de Janeiro

Título original:
Portrait Historique de Christophe Colomb

Tradução autorizada da segunda edição francesa
publicada em 1988 por Éditions du Seuil,
de Paris, França, na coleção "Points Histoire"

Jorge Zahar Editor Ltda.
rua México 31 sobreloja
20031 Rio de Janeiro, RJ

[Edição para o Brasil]

Capa: Gustavo Meyer

Ilustração da capa: Cristóvão Colombo (gravura em metal do século XVI)

Editoração eletrônica: TopTextos Edições Gráficas Ltda.

Impressão: Tavares e Tristão Ltda.

ISBN: 2-02-010355-9 (ed. orig., 2ª ed.)
ISBN: 85-7110-186-8 (JZE, RJ)

CIP-Brasil. Catalogação-na-fonte
Sindicato Nacional dos Editores de Livros, RJ.

M182r Mahn-Lot, Marianne
Retrato histórico de Cristóvão Colombo / Marianne Mahn-Lot ; tradução da 2.ed. francesa Lucy Magalhães ; revisão técnica, Ronaldo Vainfas. — Rio de Janeiro : Jorge Zahar Ed., 1992.
(Coleção Jubileu)

Tradução de: Portrait historique de Christophe Colomb
Apêndices.
ISBN 85-7110-186-8

1. Colombo, Cristovão, 1451-1506 - Biografia. 2. América - Descobertas e explorações espanholas. I. Título. II. Série.

CDD - 923.9
970.015
CDU - 92(COLOMBO, C.)
91-0672 97

Sumário

Apresentação à edição brasileira

É com grande satisfação que vemos enfim traduzido o estudo de Mahn-Lot sobre Cristóvão Colombo —livro originalmente datado de 1960 e posteriormente revisto para a segunda edição francesa de 1988.

A publicação da obra em português é, antes de tudo, oportuna, já que estamos comemorando meio milênio da Descoberta da América. E, além de oportuna, é publicação importante, livro escrito por pesquisadora especializada quer na vida do Descobridor, quer nas peripécias da aventura atlântica, da conquista e da ética colonizadora hispano-americana. É de Marianne Mahn-Lot, a propósito, *La Découverte de l'Amérique* — já publicado entre nós —, *La Conquête de l'Amérique Espagnole* e o notável *Bartolomé de Las Casas et le Droit des Indiens.*

O livro que ora se publica pertence ao gênero biográfico, e sendo o personagem ninguém menos do que Cristóvão Colombo, a autora transporta o leitor ao ambiente histórico do século XV, tempo de Grandes Navegações, tempo de "desencravamento planetário", nas palavras de Pierre Chaunu. O descortinar de novos horizontes geográficos, a superação de medos profundamente arraigados no imaginário ocidental — medo dos mares, da finisterra e dos monstros que os habitavam —, eis o que Mahn-Lot reconstitui, passo a passo, examinando a vida e o modo de pensar do Descobridor, o misterioso Almirante que sonhava chegar às Índias navegando pelo poente.

Combinando vasta erudição e narrativa fluente, Marianne Mahn-Lot enfrenta, logo de início, as controvérsias sobre a nacionalidade de Colombo. E resolve de vez o problema, munida de farta documentação, alinhando-se à maioria dos historiadores que não hesita, hoje, em constatar a origem genovesa do Almirante. A maior parte do livro volta-se, porém, para a aventura atlântica de Espanha, Colombo à frente: a concepção da viagem, as relações do projeto com os saberes antigos e modernos, a montagem da empresa e as dramáticas descobertas, incluindo reconstituição valiosa das três viagens posteriores à epopéia de 1492.

Utilizando inúmeros escritos do Navegador, os relatos biográficos de Las Casas e Fernando Colombo (filho de Cristóvão), e vários outros documentos, Mahn-Lot nos apresenta a extraordinária dimensão de seu personagem, homem que descobriu a América julgando estar nos confins do Oriente. De fato, mostra-nos a autora, Colombo procurava a Ásia, encontrou a América, mas a julgar pelos seus relatos, não descobriu nem uma, nem outra. Descobriu, ou melhor, redescobriu, o que havia lido em Pierre d'Ailly, Marco Polo ou Mandeville: as imagens fantásticas do Oriente que sempre procurava identificar nas terras e nos povos encontrados.

Talvez seja este o ponto alto do livro: revela-nos o homem religioso que pulsava no audacioso Almirante. O Colombo oculto, sem dúvida, que sonhava com o maravilhoso oriental — horizonte onírico que, já dizia Le Goff, deixara sua marca nas mentalidades européias. Colombo medieval, portanto, e ainda cruzado, pois tencionava carrear as riquezas da Índia para a conquista cristã de Jerusalém. E nisto afirma-se o grande mérito de Mahn-Lot como biógrafa de Colombo: mostra-nos seu lado medieval sem ocultar o moderno. O espírito de aventura, a coragem de enfrentar medos que impregnavam o seu tempo, o cuidado em registrar minuciosamente os seus achados, as novas terras, o *novo*: Novo Mundo, enfim, que para ele, Colombo, seria apenas o Outro Mundo.

RONALDO VAINFAS
Rio de Janeiro, 1992

Aprendizagens

O pretenso mistério quanto à pátria de Colombo está hoje dissipado. A partir da Exposição de Gênova de 1892 (quarto centenário da descoberta), a *Raccolta Colombiana* de Cesare Lollis publicou um conjunto exaustivo de documentos; os mais impressionantes, especialmente alguns documentos cartoriais, foram retomados, acompanhados de fac-símiles, no volume in-fólio editado em Gênova em 1931: *Cristoforo Colombo. Documenti e prove della sua appartenenza a Genova.* Não se pode mais duvidar da existência de um *Cristoforo Colombo,* nascido em Gênova, filho de Domenico Colombo, tecelão estabelecido na costa lígure. As hipóteses de um Colombo originário da Galícia, da Catalunha, da Córsega etc., identificado com um corsário catalão *Colom* ou com o marinheiro escandinavo *Scolvus,* são apenas suposições puramente gratuitas.

Chegou-se a afirmar que o *Cristobal Colón* que descobriu o Novo Mundo não era o genovês *Cristoforo Colombo.* O livro do historiador peruano L. Ulloa, que defende essa tese, publicado em francês em Paris, em 1927, conseguiu lançar a dúvida entre aqueles que não estavam preparados para reconhecer a fraqueza da argumentação. Asserção insustentável, resultado de uma hipercrítica delirante... Na realidade, os contemporâneos italianos do Descobridor continuavam a chamá-lo *Colombo,* ao passo que, a partir de seus entendimentos com os soberanos de Castela, ele se assinava *Colón,* certamente por motivos simbólicos. Um dos primos genoveses de nosso herói era chamado ora *Giovanni Colombo*, ora *Juan Colón,* depois de ter-se reunido na Espanha ao seu ilustre parente. Para pôr termo a discussões ociosas sobre a prática do Descobridor, citemos um fato sem réplica: a coincidência entre um documento oficial genovês de 1470, no qual Cristoforo Colombo reconhece uma dívida para com um certo Jeronimo del Porto, e o codicilo do testamento do Almirante das Índias, em que o mesmo personagem é citado.

Outros historiadores, mesmo admitindo que Colombo é, sem nenhuma dúvida possível, o filho do tecelão genovês, afirmam que ele dissimulou seu lugar de origem, e suspeitam nisso um segredo. Na verdade, são vítimas de um certo preconceito desfavorável, pois nada está mais claramente estabelecido do que o apego de Colombo à sua primeira pátria. A não ser que se queira julgar falso o seu primeiro testamento, em que diz que Gênova foi o lugar de seu nascimento e pede ao seu herdeiro que estabeleça nessa cidade uma renda em benefício de uma pessoa de sua família. Não se deixou de alegar essa falsidade e voltaremos ao assunto. Nada, a menos que se recuse — o que não é possível — a existência de suas relações de amizade com Nicolau Oderigo, embaixador de Gênova na Espanha, a quem confiou a cópia de todos os documentos reais que atestavam seus privilégios; a existência de sua carta de 2 de abril de 1502 para o banco São Jorge de Gênova, fazendo da cidade de Gênova a beneficiária da décima parte de suas rendas provenientes das Índias, carta cuja autenticidade está agora estabelecida; enfim, a existência das cláusulas de seu testamento relativas a amigos genoveses. Principalmente depois da Exposição de Gênova de 1950-1951, na qual todos os documentos foram expostos, tudo isso é incontestável.

Salvador de Madariaga teria podido poupar-se, em seu *Christophe Colomb,* tradução francesa, Paris, 1952, de fundar sobre a "falta de patriotismo genovês" do Descobridor uma parte de sua argumentação tendente a fazer de Colombo um descendente de judeus catalães, que emigraram para a costa lígure.

Detenhamo-nos um instante nessa "hipótese judaica", que teve grande sucesso na França depois do livro de S. de Madariaga, e que as obras de divulgação consideram como uma quase certeza. *A priori,* seria tentador explicar essa espécie de gênio religioso do Descobridor por uma ascendência semítica, ainda que não se deva, por isso, questionar a sinceridade de sua fé cristã, que é evidente. Mas não se pode apresentar a menor prova dessa ascendência, e seria um completo engano imaginar nisso um segredo cuidadosamente guardado por Colombo, e que constituiria a chave de sua personalidade e dos mistérios que pairam ainda sobre a sua biografia.

Os partidários dessa tese, já combatida pelo alemão Streicher, alegam, entre outras coisas, o conhecimento profundo que Colombo tinha da Bíblia e de todas as profecias messiânicas referentes a Jerusalém. Mas qualquer cristão fervoroso conhecia esses textos, e mais ainda o Descobridor, em sua qualidade de membro da Ordem Terceira Franciscana, que lia todos os dias o seu breviário. Evidentemente, *ele não era um clérigo,* como ele próprio reconheceu; mas encontrou-se em sua biblioteca um índice remissivo bíblico que facilitava certamente as suas pesquisas de referências. A paixão pela Bíblia foi um traço muito importante de seu caráter.

Argumenta-se também com o fato de que Colombo conheceu sábios judeus e utilizou seus trabalhos. (*Tratei e conversei com sábios de todas as espécies: latinos, gregos, judeus e mouros,* escreveu ele.) Mas todo homem medianamente culto, *interessado nos segredos do mundo* (é sua expressão), fazia o mesmo, pois a ciência hebraica era universalmente respeitada.

Outro pretenso indício: o uso, pelo Almirante das Índias, de um sinal misterioso, precedendo sua assinatura; de forma triangular, lembraria a Cabala... Mas, se Colombo temia, como se afirma, que sua origem fosse conhecida, não teria ele evitado a qualquer preço singularizar-se dessa maneira? Encontramos aqui, certamente, o indício de um certo sentido do mistério e do símbolo. Mas não se deve exagerar o seu alcance. Raimundo Lúlio, por exemplo (1235-1315), também tomava emprestado à Cabala o hábito das combinações de letras e figuras; apaixonava-se, como o fez Colombo, pelas promessas messiânicas ligadas ao nome de Jerusalém. E nem por isso era de origem judaica...

S. de Madariaga reconstituiu assim a ascendência do Descobridor: os bisavós de Cristóvão seriam *Colom* catalães ou maiorquinos, que teriam fugido da península durante a perseguição de 1391, instalando-se na costa lígure, onde teriam adotado a grafia *Colombo.* Entretanto, os documentos oficiais genoveses — que permitem remontar ao avô de Cristóvão, João, e que marcam as principais etapas da vida de Domingos, pai de Cristóvão — não fornecem nenhum indício de judaísmo. *Domingos* e *Cristóvão* são inegavelmente nomes cristãos. Judeus que se teriam expatriado, para não renegarem a própria fé, teriam tão rapidamente gerado filhos cristãos?

O principal argumento de S. de Madariaga é de ordem lingüística. Efetivamente, constatamos que o Descobridor nunca escreveu em italiano, salvo em dois curtos textos; que, já em Portugal, onde se fixou por volta dos 25 anos, escrevia em língua castelhana (primeiro documento datado: 1481) ou então em um latim hispanizado. A explicação proposta pelo historiador espanhol é a seguinte: a família Colom, expatriada da península hispânica, teria continuado, na costa lígure, a falar castelhano, assim como os judeus expulsos da Espanha em 1492 conservaram o uso do espanhol nos países do Levante em que se estabeleceram. Mas Ramon Menendez Pidal observa *(La Lengua de Cristobal Colón,* Buenos Aires, 1942) que emigrantes catalães ou maiorquinos não teriam trazido outra língua oral senão o catalão. Supondo-se que os Colombo falassem castelhano, este seria mesclado de italianismos. Ora, a língua escrita do Descobridor comportava, certamente, italianismos (sendo a sua língua materna o dialeto genovês), mas, principalmente, numerosos "lusismos", estes tão fortes que deles não se desfez até a morte: essa marca indelével explica-se muito bem, caso ele tenha aprendido o castelhano na corte de Lisboa, onde este era empregado concomitantemente com o português. Aliás, nada há de surpreendente em que Colombo não escrevesse em italiano, língua literária que ele talvez não conhecesse quando deixou sua pátria, onde só se usava o dialeto genovês.

Nada há, pois, na "tese judaica" que mereça adesão. Pode-se até inverter seus argumentos. Por que, em um país que tinha fobia judaica, como a península ibérica sob os Reis Católicos, os numerosos inimigos do Almirante das Índias, que o tratavam de estrangeiro cúpido e cruel, nunca o acusaram de pertencer à raça maldita? (O único indício de semelhante imputação que se pode levantar foi uma frase de Colombo mal-interpretada.)

Não afirmamos ser impossível que Colombo tivesse sangue semita, por alguma ascendência longínqua. O que negamos é que o Descobridor tenha tido o sentimento de guardar consigo um segredo ao mesmo tempo glorioso e infamante.

Os defensores do judaísmo de Colombo defendem freqüentemente esta tese: o futuro Descobridor só teria procurado as Índias para lá estabelecer seus correligionários ameaçados de expulsão. É o que diz Simon Wiesenthal em *La Voile de l'Espoir* (Paris, 1973), retomado de modo bem menos sério por Stephen Marlowe, *Christophe Colomb. Mémoires* (Paris, 1987). De fato, mesmo que Colombo fosse de origem judaica, ele não teria nenhuma razão, pelo contrário, de tomar o partido dos judeus. Aliás, o acesso ao Novo Mundo fora proibido aos recém-convertidos.

Pela coincidência de vários documentos, sabemos hoje que Cristóvão nasceu em 1451 em Gênova (provavelmente Vico dell'Olivella). Seu pai, mestre tecelão e filho de um tecelão da costa lígure, desposara a filha de um tecelão de um subúrbio de Gênova, que lhe conferia como dote vários imóveis na cidade. A família residiu na capital até o ano de 1470, quando se estabeleceu em Savona.

Eram pois pessoas de condição modesta: *plebeus,* como escreveu em seus *Comentários* (1506) Antônio Gallo, chanceler do banco São Jorge, que conhecia os Colombo de longa data. O filho e historiador do futuro Almirante, Fernando, deu a entender que um ilustre romano de nome *Colon* figurava provavelmente entre seus ancestrais (!); que uma nobre família *Colombo* tinha seus túmulos em Plaisance... O Almirante das Índias tinha talvez deixado pairar um mistério favorável sobre seus modestos primeiros passos; e, diz Fernando, "sendo muito jovem, não ousei interrogá-lo, por respeito filial" (tinha ele dezoito anos quando da morte do pai). Prudentemente, adverte: "Alguns desejariam que eu dissesse que o Almirante descendia de um sangue ilustre... Mas, quanto a mim, penso que ele foi escolhido por Nosso Senhor como um verdadeiro apóstolo; ora, foi nas praias do mar e não nos palácios que Nosso Senhor escolheu seus apóstolos. Assim, quanto mais obscuras e incertas são as origens do Almirante, maior também é o destino de que ele se mostrou digno." Comentário que não desagradaria a Cristóvão — o "Portador de Cristo" — que orgulhosamente declarou:

Que me chamem como quiserem, pois, afinal, David começou por guardar carneiros antes de tornar-se rei de Jerusalém; ora, sou o servidor do mesmo Senhor que elevou Davi a esse estado.

Cristóvão era o filho mais velho. Teve três irmãos e uma irmã. Um de seus irmãos morreu jovem, mas os outros dois participaram de sua fortuna, e o Almirante sempre lhes manifestou uma grande afeição. Era ele um rapaz de cabelos ruivos, pele rosada, muito alto, musculoso, de olhos azuis num rosto alongado com maçãs salientes; seu olhar ao mesmo tempo penetrante e meditativo era impressionante, segundo o testemunho dos que o conheceram mais tarde; infelizmente não temos nenhum retrato autêntico que tenha sido feito durante sua vida. Até sua chegada a Portugal, com a idade de 25 anos, temos apenas dados esparsos sobre sua biografia — suficientes, entretanto, para traçar-lhes as grandes linhas.

Fernando Colombo afirma em sua *História* — o que se deve talvez a um preconceito de humanista — que o futuro Almirante estudou na Universidade de Pavia, fato pouco provável para um filho de tecelões (*Eu que não sou um sábio,* escreverá, aliás, Colombo). É quase certo que o jovem Colombo tenha freqüentado em Gênova escolas onde se aprendia caligrafia (ele tinha "muito boa letra e teria podido ganhar a vida com isso", escreveu Fernando), elementos de geometria e de cosmografia: era uma formação que se fornecia freqüentemente na grande metrópole naval. Ele também pôde iniciar-se no ofício muito apreciado de desenhista de mapas, no qual brilhou mais tarde (*Recebi*, escreveu ele, *a habilidade de espírito e de mãos para desenhar a esfera e nela dispor as cidades, os rios, as ilhas, os portos, cada um em seu lugar próprio*); teve provavelmente um "verniz" de latim, conhecimento indispensável para os cartógrafos, que transcreviam "legendas" explicativas nessa língua. A demanda de mapas exatos, para as necessidades da marinha comercial ou de guerra, era então muito intensa; Gênova e Maiorca representavam os dois grandes centros de sua produção. Lembremos de passagem que a ciência cartográfica nasceu no século XIII, graças ao uso da bússola: conhecendo a direção de um navio na rosa-dos-ventos e sua velocidade aproximada, tornava-se possível estabelecer a posição de um ponto em relação a outro. Daí esses portulanos, esses atlas, esses planisférios atravessados por linhas de rumos. O primeiro mapa seguramente datado foi concebido por um genovês: o planisfério de Pietro Vesconte, de 1260.

Até os vinte anos, Colombo acumulou atividades diversas e complementares. Aprendeu o ofício paterno, mas só o exerceu esporadicamente: é qualificado de *lanerius* em vários documentos oficiais; Antônio Gallo, cronista genovês amigo dos Colombo, diz que Cristóvão e seu jovem irmão Bartolomeu cardaram a lã na oficina paterna, mas que, "logo na puberdade, embarcaram, segundo o costume dos seus". (Já teria havido navegadores na família.) E o próprio Descobridor escreveu que entrou *na navegação em idade muito tenra:* quatorze anos. Em 1470, Domingos Colombo deixou Gênova e estabeleceu-se em Savona, onde comprara uma taberna, vendendo vinho e queijos, ao mesmo tempo em que continuava com o ofício de tecelão. Savona tornou-se o porto de residência de Cristóvão, e algumas de suas viagens foram certamente ligadas à compra de vinho para o comércio paterno.

Logo foi ele absorvido pelo constante vaivém mercantil das grandes firmas genovesas. A potência naval da capital lígure, que atingira seu apogeu no fim do século XIII, sofria um declínio a partir da dominação do Islã sobre o Oriente Próximo, mas era ainda muito grande. Tinha feitorias em todo o Mediterrâneo: em Alexandria, Quio, Lesbos, Chipre, e até no mar Negro (Caffa) por algum tempo ainda — foi expulsa de quase todos os lugares em 1475. Lá, comprava especiarias e pedra-ume, que vendia depois à Inglaterra e a Flandres. Os navios eram armados por companhias particulares, de uma organização capitalista muito avançada, pois fora a iniciativa privada que fizera a fortuna de Gênova e continuava a caracterizá-la. Essas grandes famílias de armadores, os Di Negro, os Spinola, estiveram continuamente presentes na existência do Descobridor.

Depois de 1473 — última data em que sua presença em Savona é atestada por documentos oficiais — Cristóvão parece ter optado definitivamente pela navegação. Sabe-se que ele foi a Quio, pois fez alusão a isso em seu diário de bordo, provavelmente em 1474 ou 1475, na tripulação da frota fretada pelos Di Negro e os Spinola, que buscava nessa ilha resina e mástique. Desde essa época, certamente, estava ele ligado à poderosa casa genovesa dos Centurione, da qual se tornou mais tarde agente comercial em Portugal — casa que estendia sua influência financeira do mar Negro às costas da Guiné e à Inglaterra. Os Centurione, que eram protetores do banco São Jorge de Gênova, interessavam-se particularmente pelas minas de ouro do Sudão, depois que o ouro fora declarado, na praça de Gênova, padrão das moedas.

Certamente, a partir de então, o horizonte do jovem marinheiro não se limitava à bacia mediterrânea: os comerciantes genoveses, efetivamente, iam regularmente à Inglaterra e a Flandres, passando pelo grande porto de Lisboa; e o olhar de Colombo podia contemplar esse *Mar Oceano*, do qual bem mais tarde veio a ser o *Almirante*. Para o sul, o olhar de seu espírito podia dirigir-se até essas costas africanas, essas ilhas oceânicas, cuja descoberta fazia recuarem, incessantemente, os limites do mundo conhecido.

Há muito tempo, seus compatriotas já se interessavam pelo périplo da África, estando suas feitorias mediterrâneas ameaçadas pelo avanço do Islã. Desde 1291, depois da queda de São João de Acre, os irmãos Vivaldi, comerciantes genoveses, lançaram-se ao longo das costas da África Ocidental *ad partes Indiae per mare Oceanum*, pois uma tradição vinda da Antigüidade (lembrança do périplo do cartaginês Hannon?) acreditava ser possível contornar a África para atingir o oceano Índico. Nunca mais voltaram... A partir do século XIV, as rotas oceânicas passaram progressivamente ao controle dos reis de Portugal. Mas os genoveses não deixaram de estar presentes a todo o movimento de descobertas, pois sua reputação de navegadores e cartógrafos era muito apreciada na corte de Lisboa. Um genovês fora "almirante" da frota do rei Dinis, no início do século XIV. Entre os compatriotas que o seguiram a Portugal, um certo Lanzarote foi o primeiro a descobrir o longínquo arquipélago das Canárias, ou pelo menos uma de suas ilhas, que recebeu seu nome. Em 1458, quando Cristóvão era criança, o navegador genovês Usodimare explorou as costas da Guiné em nome do infante Henrique de Portugal, e depois voltou para sua pátria, tendo feito fortuna. Contava ele ter encontrado no rio Gâmbia um branco que se dizia descendente dos sobreviventes da expedição Vivaldi! Outro genovês, Antônio di Noli, descobrira ilhas ao largo do Cabo Verde, ponto mais meridional da África conhecida, e obtivera o monopólio do tráfico de escravos negros. Aparecia a navegação de longo curso, graças ao uso da bússola e ao emprego, em lugar das pesadas naves mediterrâneas, de caravelas mais delgadas, combinando velas quadradas e velas latinas para aproveitar os ventos favoráveis e vencer os ventos contrários. Os navegadores ousavam lançar-se para longe das costas, e, estimulados pelos contratos feitos com a corte de Lisboa, tomavam posse de novas ilhas. Depois de Porto Santo e Madeira, ocupados em 1420, foi a vez, bem mais a oeste, do arquipélago dos Açores, cuja ilha mais ocidental, Flores, foi descoberta em 1452 pelo piloto Diego de Teive. Reinava uma grande febre nos espíritos a respeito dessas ilhas. O país do sol poente foi sempre fértil em fábulas... A Antigüidade situara no longínquo oceano a morada dos bem-aventurados: as Ilhas Afortunadas. Pode-se supor que se tratava das Canárias e que estas já tinham sido exploradas. Na Idade Média, outras lendas se acrescentaram a essas reminiscências pagãs, como se vê nos mapas: neles figuram ilhas fabulosas, desde o século XIV, em diversas localizações. Era a *ilha,* ou *ilhas,* de *São Brandão:* São Brandão era um personagem de uma saga irlandesa do século VI, que navegou para o oeste, até um arquipélago que assinalava a entrada do Paraíso Terrestre. (Foi procurando essas ilhas que os portugueses descobriram os Açores). Ou então, era a *ilha de Brasil* ("O' Brazil" quer dizer "Terra Feliz"), que certos contos irlandeses diziam possuir pó de ouro e madeira de tintura, de natureza desconhecida. Mas era principalmente a *Antilia,* ou *Ilha das Sete Cidades,* que alimentava os sonhos e a conversação:

> Os portugueses contam que essa ilha foi povoada por eles no tempo do rei Rodrigo, quando a Espanha foi invadida pelos mouros; sete bispos embarcaram com suas ovelhas e foram estabelecer-se lá. Conta-se também que no tempo do infante Pedro de Portugal (1447), um navio levado pela tempestade lá abordara, e sua tripulação fora conduzida pelos habitantes da ilha até uma igreja, onde se celebravam cerimônias cristãs... Diz-se que os grumetes recolheram areia e a encontraram cheia de ouro (narração do historiador das Índias, Las Casas).

Era a Ilha das Sete Cidades, porque havia uma cidade para cada bispo. *Antilia* viria de *anti helios,* isto é, "contra o sol", segundo a hipótese de A. Cioranescu (ver bibliografia).

Mais a oeste ainda que Antilia, pois pensava-se naturalmente que o oceano Atlântico banhava as costas da Europa e também da Ásia, haveria *Cipango,* isto é, o Japão, de que falavam as narrações de Marco Polo. A *Descrição do mundo,* desse viajante veneziano, que viveu dezesseis anos na China, no fim do século XIII, estava em grande voga, como provam inúmeros manuscritos. De Cipango, que aliás não vira, Marco Polo dizia que "lá o ouro abunda além da conta", que os edifícios tinham telhados de ouro, e que "no mar de Cipango há 7.457 ilhas e todas elas têm árvores de muito bom perfume e muitas qualidades de especiarias".

Tudo isso excitava a imaginação do jovem Cristóvão, quando copiava mapas ou ouvia essas narrações, inevitáveis no mundo cosmopolita dos navegadores. Desde essa época, procuraria ele *conhecer os segredos do mundo (A arte da navegação incita a isso,* escreveu ele mais tarde).

Talvez ele já se interessasse por *Catai* (China), que se tornou sua obsessão. Sua lembrança continuava viva em Gênova. Nos séculos XIII e XIV, aproveitando-se da tolerância dos Grandes Cãs da Mongólia, que se tornaram imperadores da China, os comerciantes italianos, entre os quais os genoveses formavam a maioria, acorreram para as rotas da Ásia, criando nas grandes cidades estabelecimentos permanentes. Não se podia também esquecer dos missionários franciscanos italianos, que penetraram até o fundo da Ásia, estabelecendo um bispado em Pequim e entrando em contato com as numerosas comunidades nestorianas que subsistiam. Marco Polo falara do desejo do Grande Cã de instruir-se na fé cristã. São Luís e outros, depois dele, sonharam aliar-se aos mongóis contra o Islã. Desde o estabelecimento dos Ming na China, em meados do século XIV, as relações com o Extremo Oriente estavam, é verdade, praticamente interrompidas. Mas o avanço fulminante dos turcos muçulmanos, no século XV, fazia sonhar de novo com um socorro providencial que pudesse vir do misterioso Grande Cã. Assim, foi um acontecimento quando chegou em Florença, em 1441, o veneziano Nicolau Conti, que permanecera 25 anos em Catai, na Índia e na Etiópia (o que corresponde às "três Índias" da nomenclatura da Idade Média). Foi ele recebido em Florença pelo papa Eugênio IV, muito preocupado com as cruzadas. No mesmo momento, chegava à corte papal um misterioso embaixador asiático "vindo das partes da Índia do setentrião"; gabava o poder de seu soberano e afirmava que existia a vinte jornadas de Catai um reino de cristãos (da seita nestoriana). O secretário do papa, Bracciolini, que conversara com o asiático, anotou também a narração das aventuras de Conti, e numerosos manuscritos a divulgaram. Eram essas as últimas notícias de Catai, e muito adequadas para alimentar as esperanças. A célebre "carta de Toscanelli", de que voltaremos a falar, alude ao assunto.

A cartografia também se beneficiava dos novos conhecimentos sobre o Oriente, fornecidos pela viagem de Nicolau Conti: daí o admirável mapa-múndi executado em 1459 pelo camáldulo Fra Mauro, que Veneza conservava zelosamente. Daí também o planisfério genovês de 1476. Mas os cartógrafos permaneciam tributários, para a representação do mundo, da *Geografia* do astrônomo alexandrino Ptolomeu (século II d.C.) que só foi conhecida pela primeira vez em latim em 1406, e que indicava as medidas de longitude e de latitude dos principais lugares do globo (com enormes erros...). Ora, a Ásia era representada muito alongada para leste, o que aproximava suas costas orientais do ocidente da Europa. Alguns exageravam mais ainda essa extensão da Eurásia, referindo-se às medidas de um outro geógrafo da Antigüidade, Marinho de Tiro. É o caso de um planisfério genovês de 1457, que o historiador Paolo Revelli cita freqüentemente. Conclui ele:

Colombo achava nos mapas italianos do fim da Idade Média uma representação do Extremo Oriente e do Extremo Ocidente que entrou na sua concepção da viagem direta até as terras do Grande Cã.

Entretanto, não pensamos que, desde o seu período genovês, ele tenha tomado consciência da sua "missão": *ir ao Oriente pelo Poente,* abrir esse Oriente à penetração cristã. Foi pouco a pouco que ela se firmou no seu espírito, quando ele pôde apoiar-se nas compilações latinas em que a Idade Média resumia a ciência da Antigüidade, revista pelos árabes e mesclada com os pressentimentos dos modernos. Não antes da fase portuguesa de sua existência, não antes que esses tratados fossem impressos, pois, sendo simples marinheiro, ele não teria bastante dinheiro para comprá-los em manuscrito. A invenção da imprensa teve certamente algo a ver com a descoberta da América...

Durante os anos de aprendizagem que vão até os 25 de idade, foi principalmente o homem de ação que se forjou no futuro Descobridor. A navegação, mesmo a comercial, não estava a salvo de riscos. Cada qual pensava em garantir um monopólio. Os venezianos eram os rivais tradicionais dos genoveses. As frotas aragonesas e francesas agrediam-se constantemente, pois a casa de Aragão e a dinastia angevina disputavam a sucessão do reino de Nápoles; ora, os genoveses tomaram o partido do pretendente francês, René d'Anjou. Um dos raros fatos comprovados desse período obscuro do nosso herói foi que ele se colocou a serviço desse príncipe. *Aconteceu,* escreveu ele mais tarde, *que o rei René me enviou* [da Sardenha] *até Túnis, para capturar a galera Fernandine* [uma das galeras do rei de Aragão]... Ele gabou-se depois de ter *trocado o ponteiro da bússola* — isto é, de ter imantado a outra extremidade — para iludir a tripulação, que temia lançar-se nessa aventura longínqua e queria voltar para Marselha. Segundo o contexto histórico, isso aconteceu seguramente em 1472. Assim, aos 21 anos, ei-lo no comando de uma galera, chefe hábil e navegador experimentado.

Na opinião dos historiadores competentes em ciência náutica, entre os quais um dos mais recentes é Samuel Eliot Morison, Colombo foi um dos melhores navegadores de todos os tempos. Sua prática da navegação "à estima" é incomparável, mas seus conhecimentos teóricos foram sempre fracos; entretanto, não se pode censurar-lhe não ter utilizado a "navegação astronômica", que então não fazia parte do aprendizado dos pilotos. Esta só era usada posteriormente, "para determinar a latitude das regiões descobertas, a fim de estabelecer o seu mapa".

Colombo não conheceu Jerônimo Münzer, médico e geógrafo, originário de Nuremberg, que foi à Espanha enquanto acontecia a descoberta do Novo Mundo. Mas a seguinte carta mostra até que ponto o projeto de uma travessia do Atlântico preocupava todos os espíritos:

De Jerônimo Münzer a João II, rei de Portugal,
14 de julho de 1493.

Do sereníssimo infante Henrique, vosso tio Henrique o Navegador, recebestes o elogio de nunca ter poupado penas e despesas para descobrir a esfericidade das terras. Tornastes tributários os povos de Etiópia até o trópico de Capricórnio. Considerando isso, o imperador Maximiliano deseja convidar Vossa Majestade para procurar a muito rica terra de Catai. Sêneca e o cardeal d'Ailly e muitos outros concordam em afirmar que o princípio do Oriente habitável está muito próximo do Ocidente habitado... Podeis, se assim o desejais, assegurar-vos o concurso do senhor Martin Behaim, que Colombo conheceu bem em Portugal, enviado por nosso rei Maximiliano, e de muitos marinheiros que se lançariam ao alto-mar, partindo dos Açores, graças ao uso do quadrante, do astrolábio e de outros instrumentos.

A fase genovesa da vida de Cristóvão Colombo terminou com um episódio dramático: um naufrágio nas costas portuguesas, acontecimento em que o historiador das Índias, Las Casas, na sua perspectiva providencialista vê a mão de Deus. O contexto exato do naufrágio ofereceu dificuldades aos historiadores modernos, pois foi narrado por Fernando Colombo, e posteriormente por Las Casas, sem fontes diretas e de modo errôneo. Achando relatadas na crônica italiana de Sabellico as façanhas do corsário Coullon (que ele confundiu, aliás, com seu predecessor, o almirante Coullon o Velho), que infligiu uma derrota, ao largo do cabo de São Vicente, a quatro galeões venezianos que voltavam de Flandres, Fernando pensou que seu pai estivesse na tripulação do corsário e que o naufrágio teria acontecido por ocasião do combate. Mas, na realidade, o combate se deu em 1485, e nessa data Colombo já terminara sua permanência em Portugal... Tudo se esclarece, quando se toma como referência um outro combate que houve nas mesmas paragens, este em 1476, e que nos foi relatado pelo cronista espanhol Alfonso de Palencia e por documentos genoveses. No princípio de agosto de 1476, uma expedição comercial genovesa se dirigia para a Inglaterra e acabava de ultrapassar Cádis. Entre cinco navios, dois pertenciam aos Spinola e aos Di Negro, os mesmos com os quais Colombo fora a Quio. Apesar dos salvo-condutos franceses, de que estavam munidos os genoveses, foram atacados ao largo do cabo de São Vicente, por Coullon o Velho, ladeado por treze navios. A luta foi dura, e as tripulações sofreram uma terrível hecatombe. A partir desse momento, podemos seguir a narração de Fernando ou a de Las Casas.

O navio no qual combatia o futuro Descobridor encontrou-se ligado por uma corrente de ferro ao navio inimigo; um deles pegou fogo, depois o outro;

ele acreditou que dentro em pouco não haveria mais nada a fazer senão jogar-se à água para morrer mais depressa; mas Colombo, sendo ótimo nadador, vendo-se a duas léguas ou pouco mais da terra, tomando um remo que o acaso lhe ofereceu, agarrando-se a ele de quando em quando e nadando depois, teve bastante força, com a ajuda de Deus (pois Deus o reservara para maiores coisas), para chegar a terra, ainda que muito fraco e maltratado pela água, de modo que teve necessidade de vários dias para recuperar-se.

Essa prova de água e de fogo, o jovem Fernando a ouvira certamente de seu pai.

Começava então uma nova fase da existência do Portador de Cristo.

Gênese da descoberta

Não há nenhuma fonte direta sobre o período de nove anos que Colombo passou no reino de Portugal, pois os arquivos de Lisboa desapareceram no século XVIII. Pode-se utilizar como fonte dados fornecidos por Fernando Colombo, segundo as narrações e os documentos de seu pai — os segundos, perdidos — que Fernando afirmou ter consultado. Pode-se também considerar as informações de Las Casas, que interrogou o filho mais velho de Colombo, Diego, nascido em Portugal, e ainda as notas marginais escritas por Cristóvão em seus livros favoritos, de que muitos — mas é difícil precisar quais — devem datar dessa época.

Antes de se fixar no reino de Afonso V, Colombo fez uma experiência que projeta uma interessante luz sobre seu estado de espírito. Trata-se da viagem à Islândia, tão discutida...

Do cabo de São Vicente, lugar do naufrágio, fora ele a Lisboa, que talvez já conhecesse, e onde encontrou muitos compatriotas: os Spinola e os Di Negro ali faziam comércio, em nome de grandes firmas de Gênova. Dois dos navios genoveses que tinham escapado ao desastre também chegaram à capital, em 12 de dezembro de 1476. Depois disso, partiram para a Inglaterra, a fim de concluir a expedição comercial tão dramaticamente interrompida. Cristóvão participou da viagem e aproveitou a ocasião para ir até a Islândia, por Bristol e Gallway, na Irlanda. Com efeito, seu filho Fernando encontrou em seus papéis a seguinte declaração, que recopiou em sua *História*:

Em fevereiro de 1477, naveguei a cem léguas além da ilha de Thyle; a parte sul dessa ilha está a 73 graus de latitude norte, e não a 63, como afirmam alguns; tampouco está situada no meridiano que lhe atribuiu Ptolomeu e que inclui nosso Ocidente, mas bem mais a oeste. Essa ilha, que é tão grande quanto a Inglaterra, é visitada por comerciantes ingleses, especialmente os de Bristol. E na estação em que estávamos, o mar não se achava congelado.

Os eruditos discutiram muito sobre essa *Thyle*, que Colombo não situou como a *Thule* de Ptolomeu. Segundo sua descrição, não há dúvida de que se trata da Islândia; mas, quando escreveu essa nota, fez questão de sublinhar seu espanto de que a ilha que visitou estivesse mais ao norte e a oeste que a Thule assinalada no exemplar da *Geografia* de Ptolomeu, que ele possuía (na edição princeps de 1478, ela figura, com efeito, exatamente ao norte da Escócia, na localização aproximativa das ilhas Féroe). Ora, Thule representava para os antigos o limite setentrional do mundo conhecido, depois que o navegador Píteas atingira essa terra no século IV a.C., e isso dava a esse nome um prestígio legendário. Sêneca escreveu em sua *Medéia* essa predição impressionante:

> Virá um tempo, nos últimos anos do mundo, em que o Oceano desfará os laços das coisas. Uma terra imensa se revelará, pois sobrevirá um navegador, tal como aquele que teve o nome de Tífis e foi guia de Jasão; e ele descobrirá um novo mundo. E Thule não será mais o fim das terras.

Mais tarde, Colombo copiou esses versos em seu *Livro das profecias*, quando já tinha descoberto o "novo mundo".

Em 1477, ele não os conhecia ainda, mas já parecia possuído pelo desejo do desconhecido. Se, como escreveu, navegou *cem léguas além de Thule*, isso teria podido conduzi-lo até a Groenlândia, a oeste, ou, ao norte, à ilha Jan Mayen. Em geral os historiadores negam a possibilidade de semelhante percurso (o eminente "colombista" R. Caddeo supõe engenhosamente que "oltre Thile" — "além de Thule" — é um erro de transcrição de Fernando, ao invés de "a otra Thile": "Naveguei", teria escrito na verdade Colombo, "*a uma outra Thule*." O que fazer, então, da indicação das "cem léguas"?). O que parece certo é que, se Colombo tivesse atingido a Groenlândia, teria falado dela nessa nota, em lugar de fornecer detalhes sobre a Islândia. Mas, em nossa opinião, não se deve excluir a possibilidade de que ele se tenha arriscado nessa direção, por mais ousado que isso pudesse parecer, principalmente naquela estação do ano. Um historiador dinamarquês, V. Steffanson, provou, aliás, que o inverno de 1476-1477 foi particularmente suave, o que comprova a afirmação de Colombo de que o mar não se achava congelado.

A decifração de uma anotação de Colombo por um de seus biógrafos, A. Bernardini-Sjoestedt (*Christophe Colomb*, 1961), esclarece talvez esse misterioso episódio: em seu exemplar da *Historia Rerum* de Pio II, Colombo escreveu uma nota, à margem de um trecho em que o cardeal fala dos *Seres* (os chineses) e diz: "Ptolomeu situa a seu oriente uma terra desconhecida." Eis a anotação: $P \uparrow 7 \varphi + 78 = 849 \gamma 8$. Essa linha representa, para A. Bernardini-Sjoestedt, uma medida de posição (P = posição). E essa posição é a seguinte: 7 graus de longitude do meridiano zero (o das ilhas Canárias), 78 graus de latitude = 849,8 gnômons (sendo o gnômon o bastão de que se serviam os antigos para medir a sombra projetada, e através dessa medida, calcular a latitude). A flecha designa a longitude, remetendo o *phi* grego ao meridiano zero; o sinal + designa a latitude. A linha: *Nota est de Seres multa nobis spectantibus* (também escrita por Colombo) foi assim traduzida: "Assinale-se a multidão de coisas referentes aos Seres." A. Bernardini-Sjoestedt dá a seguinte interpretação: "Fomos espectadores de muitas coisas entre os Seres." E essa é, para ele, a prova de que Colombo acreditava ter chegado até os chineses, a 78 graus de latitude norte! É verdade que nessa latitude ele teria podido encontrar esquimós e lembrar-se da narração de J. de Mandeville, afirmando que se podia navegar desde o país dos Seres e chegar à Noruega girando em torno do pólo... Mesmo admitindo que o genovês tenha ido até as regiões glaciais, não cabe pensar, como o faz Bernardini-Sjoestedt, que isso era o "segredo" que o tornava tão seguro, junto ao rei de Portugal, e depois junto aos soberanos de Espanha, de chegar a Catai: entre 78 graus de latitude norte e o 28º paralelo, que ele seguiu de leste para oeste em sua viagem de 1492, a diferença é grande! Mas, se realmente ele viu esquimós, pode tê-los tomado por chineses!

Devemos lembrar a esse respeito que a Groenlândia fora descoberta no século X pelo escandinavo Eric o Vermelho, vindo da Islândia; que uma colônia de povoamento e um bispado ali se estabeleceram; que Leif, filho de Eric, segundo uma saga islandesa, explorou as costas do Labrador e estabeleceu-se, mais ao sul, numa região onde cresciam uvas selvagens, e que ele denominou *Vinland* (essa região se situaria nas vizinhanças da baía de São Lourenço e na ilha do Cap-Breton). A publicação, em 1965, de um planisfério até então desconhecido confirmou a existência de uma *Vinlandia Insula* e a narração da saga (R.A. Skelton, T.E. Marston, G.D. Painter, *The Vinland Map...*, Princeton, 1965).

Os estabelecimentos escandinavos na Groenlândia entraram em decadência no século XIV, mas sua lembrança permaneceu: no fim do século XIV, os irmãos venezianos Zeno, que se tinham estabelecido nas ilhas Féroe, foram para lá e encontraram vestígios de cristandade; e, em 1476, o rei da Dinamarca acabava de enviar à Groenlândia uma expedição chefiada por um certo João Scolvus.

De qualquer modo, pode-se afirmar, com F.J. Pohl (*La Découverte de l'Amérique par les Vikings*, tradução francesa, Paris, 1954): "A partir do século X, a existência de terras a oeste do Atlântico era conhecida na Europa e em nenhuma época esse conhecimento sofreu um eclipse total." Isso é muito importante para a gênese do grande projeto de Colombo: chegar ao oriente pelo oceano do oeste. Desde esse momento, ele teve presente essa idéia, pois anotou em um de seus livros que, em Gallway, na Irlanda, viu dois cadáveres trazidos pelo mar, e que eram homens de *Catai* (China). Na verdade, tratava-se de lapões.

No século XV, na época dos grandes descobrimentos, o conhecimento da Groenlândia e da Vinlândia (Terra-Nova) fora perdido? Certamente que não. É mais que provável que os marinheiros portugueses, bascos, bretões viessem pescar bacalhau em Terra-Nova ou perseguir baleias. Quanto às regiões nórdicas, um texto muito curioso pode esclarecer, de certo modo, esse ponto. É a *Inventio Fortunata*, manuscrito muito lido nos séculos XV e XVI. Em 1577, o geógrafo Mercator contava a um de seus correspondentes as circunstâncias e o teor dessa narração, que poderia parecer fantástica. Em 1364, seis habitantes das ilhas Féroe e Shetland foram à corte de Noruega. Um deles contou ao rei que um religioso inglês de Oxford chegara a essas ilhas, e de lá se dirigira mais ao norte ainda. Essa narrativa das regiões percorridas fora escrita e dedicada ao rei da Inglaterra, chamando-se *Inventio Fortunata*. O autor da *Inventio* dizia que, além do círculo polar, havia uma barreira contínua de montanhas, salvo em nove lugares percorridos por braços de mar. Que ele não havia encontrado em sua viagem nenhum ser humano, a não ser, num istmo, pessoas de pequeno porte. Miss E. Taylor (*Imago Mundi*, 1956, pp. 59-69) acredita no substrato histórico da narrativa: tratar-se-ia do encontro com esquimós. A descoberta, em 1957, de uma carta de um comerciante de Bristol, John Day, escrita em 1497 a um "grande almirante", que só pode ser Colombo, mostra a importância que se conferia à *Inventio*.

Voltando a Colombo, John Day (aludindo à *Inventio*, que ele possuía, e que também o genovês consultava), escreveu que os marinheiros de Bristol já haviam descoberto a ilha, até então mítica, de *Brasil* (nenhuma relação com o futuro Brasil: *brasil*, em italiano, significa "vermelho"; supõe-se que a ilha Brasil forneça madeira para tintura). Teria sido simplesmente o Canadá, que não teria esperado que o descobrisse, em 1497, o veneziano João Cabot. John Day diz ao grande almirante: "Também o senhor conhece esse descobrimento." É a prova de que as notícias circulavam rapidamente no mundo internacional dos marinheiros!

Ao voltar de sua expedição nórdica, Cristóvão Colombo se estabeleceu no reino de Portugal. Este era o centro de um grande movimento de exploração nascido, por volta de 1420, com o estímulo de príncipes notáveis, especialmente o infante Henrique o Navegador.

Em 1456, o papa concedera aos soberanos portugueses plena jurisdição sobre as costas da "Guiné" (nome geral da África) e *além, tudo o que conduz até as Índias*, enfatizando as esperanças religiosas que semelhante extensão fazia nascer:

O infante, lembrando-se de que nunca, em memória humana, se soubera navegar nesse mar Oceano para ir às praias longínquas do Oriente, acreditou que daria a Deus o maior testemunho de zelo se pudesse tornar esse mar Oceano navegável até as Índias, que são ditas submissas ao Cristo. Se ele entrasse em contato com esses povos, ele os moveria para prestar socorro aos cristãos do Ocidente contra os sarracenos.

Essas Índias que são ditas "submissas ao Cristo" designam o país do misterioso "Preste João", rei cristão com que sonhava a Europa há três séculos, depois de uma carta (completamente apócrifa) dirigida ao imperador de Bizâncio: o rei-padre nela se dizia senhor das "três Índias", de países fabulosamente ricos, onde corria um dos rios do Paraíso terrestre, e desejoso de aliar-se aos cristãos para libertar o Santo Sepulcro. Situou-se primeiro sua capital no Oriente, onde subsistiam numerosas cristandades nestorianas: seria na Índia propriamente dita, evangelizada pelo apóstolo Tomé? ou no reino de Tarsis, lugar da sepultura dos Reis Magos? Marco Polo falava de soberanos descendentes do Preste João no reino de Oengut, perto da muralha da China. Mas, por volta de 1439, o viajante veneziano Nicolau Conti penetrara na corte da Abissínia, onde foi recebido pelo Negus cristão. Supôs-se então que o rei-padre, enfraquecido pelo poderio mongol, teve que retirar-se para a "terceira Índia" (como se chamava a África do Nordeste).

O aspecto econômico da exploração se tornava cada vez mais claro. Em 1445, os portugueses atingiram a foz do Senegal, que aliás tomaram por um braço do Nilo, via de penetração para as regiões de Tombuctu, produtoras de ouro; há séculos, o pó de ouro era conduzido por caravanas até os portos da África do Norte, e os cristãos com isso só lucravam muito indiretamente, depois de pagar pesados impostos aos senhores do Islã. Desde então, uma parte do tráfico desse metal cobiçado foi desviada para Lisboa, para grande inveja das outras nações cristãs. Ao mesmo tempo, começava o tráfico dos escravos negros.

No momento em que nosso genovês se estabeleceu em Portugal, a exploração atingia o golfo de Guiné; e estava suficientemente avançada para que se tivesse esperança de chegar logo ao mar das Índias e criar essa via de acesso direto aos países produtores de especiarias, das quais a Cristandade começou a sentir grande necessidade depois da queda de Constantinopla. (A rota das especiarias nunca foi completamente fechada, mas o tráfico, agora inteiramente sob controle muçulmano, estava cada vez mais precário e dispendioso.) Houve uma certa pausa, é verdade, no avanço português, porque o rei Afonso V — que agora ocupava o trono — teve grandes dificuldades financeiras e políticas, pois empenhou-se em uma guerra contra Castela. Mas a prosperidade econômica era brilhante: "A cada primavera", escreveu S.E. Morison,

> frotas de caravelas com velas latinas, tipo de embarcação especialmente estudado para essas viagens, transportam no Tejo sacos de pimenta de Malagueta, fardos de presas de elefantes, fileiras de escravos, cofres de pó de ouro (...) Ao longo dos cais, e nas ruelas estreitas da cidade, ouvem-se todos os idiomas, da Islândia aos Camarões; marinheiros escandinavos, ingleses, flamengos convivem com espanhóis, genoveses, mouros, berberes e negros (...) Lisboa está inteiramente voltada para o futuro e para a dominação do mundo.

Cristóvão estabeleceu-se provavelmente no bairro dos genoveses. Escuta, interroga, aperfeiçoa seu conhecimento do latim, começa a mergulhar em tratados de cosmografia. Como tem que continuar a ganhar a vida, retomou seu ofício de navegador-comerciante, representando firmas genovesas. Um documento encontrado em 1904, o famoso documento "Assereto", cuja autenticidade é indubitável, mostra-o provisoriamente em Gênova, em agosto de 1479, onde fora prestar contas à Casa Centurione, que o encarregara de uma compra de açúcar em Madeira. E pode-se constatar que esse visionário entendia de contabilidade...

É talvez dessa época que data seu casamento. Sabe-se, pelo relato de seu filho Fernando, que ele encontrou um dia em Lisboa, no monastério de Santos, onde fora acompanhar as cerimônias, a nobre senhorita Felipa Moniz-Perestrello, que, por sua alta condição social, fora recebida ali como pensionista. Seu pai, Bartolomeu Perestrello, então falecido, fora o primeiro capitão da ilha de Pôrto Santo; sua mãe, Isabel Moniz, era aparentada à família dos Bragança, ou seja, à família real. "Como [Cristóvão Colombo] vivia de modo honrado e era homem de bela aparência", escreve Fernando, "Felipa tomou tanta amizade por ele que se tornou sua mulher." As origens plebéias de Cristóvão não foram obstáculo, pois, a esse brilhante casamento. É verdade que Isabel Moniz era viúva, em situação financeira modesta, e que sua segunda filha se casou também com um plebeu.

Esse casamento proporcionava ao genovês melhores condições para amadurecer seu grande projeto. Foi morar em Porto Santo, pequena ilha bem próxima de Madeira, onde nasceu em 1480 ou 1481 seu filho mais velho, Diego. O fato foi atestado por Las Casas, que o soube do próprio Diego. A sogra de Cristóvão lhe teria oferecido papéis e mapas deixados por Perestrello, "o que muito o alegrou e mais reavivou seu desejo de estudar cosmografia. Cada dia ele pensava mais nisso, e sua imaginação se inflamava" (Las Casas). Um de seus cunhados, segundo capitão da ilha, contou-lhe que ventos de oeste tinham trazido, recentemente, a Porto Santo uma prancha trabalhada por mãos humanas. Continuando suas viagens comerciais, Colombo recolhia indícios por toda parte, *e os anotava por escrito em seus livros*, onde Fernando os levantou cuidadosamente. Nos Açores, falaram-lhe de grandes pinheiros, de espécie desconhecida, que deram à costa. (Ainda hoje, o Gulf Stream traz a essas ilhas restos de vegetação das Antilhas.) Em Flores, ilha mais ocidental do arquipélago, dois cadáveres de homens *de rosto largo* teriam sido achados. Em Madeira, um habitante afirmou que via, todos os anos, três ilhas, para os lados do poente: Cristóvão pensou que se tratava das ilhas São Brandão. Deve-se enfim mencionar a história dita *do piloto desconhecido*, que era contada nas Índias desde o início do século XVI. Colombo teria acolhido em sua casa, em Madeira, um piloto moribundo que lhe teria revelado ter sido levado pela tempestade até uma ilha muito longínqua a oeste, e que lhe teria fornecido um mapa e medidas de posição... Provavelmente, isso é uma lenda, divulgada por aqueles que desejam diminuir o mérito do Descobridor: "Nenhum navio", escreveu S.E. Morison, que conhece o assunto, "jamais atravessou o Atlântico de leste para oeste, levado pelo vento"; e, por boas razões, nunca se teria encontrado depois em estado de voltar.

Colombo estendeu o campo de seus conhecimentos até as costas africanas: sabemos, pelas alusões freqüentes que ele fez mais tarde, que foi várias vezes à *Guiné*, e que desceu até a Costa do Ouro — onde os portugueses construíram em 1481 sua base mais meridional, o forte da Mina. Disse ele então que freqüentemente "tomou a altura do sol" com um astrolábio — esse instrumento que os portugueses tinham elaborado para a determinação das latitudes; entretanto atribuiu uma situação errônea à Mina, que acreditava estar sob o equador, talvez induzido a erro pelos portugueses, que praticavam a política do segredo. Colombo não parece ter conhecido o *Manual do astrolábio*, que os sábios portugueses tinham acabado de produzir, para estabelecer regras de navegação astronômica. A experiência das regiões equatoriais lhe permitiu observar que *as zonas tórridas não são inabitáveis, como dizem alguns*. Ao mesmo tempo, sua prática da navegação se aperfeiçoou. "Colombo aprendeu", escreveu S.E. Morison, "muitas coisas úteis com seus colegas portugueses: dirigir uma caravela com vento contrário, afastar-se da terra sob vento, escolher as provisões para uma viagem longa e estocá-las, munir-se da quinquilharia que agrada aos primitivos": bonés coloridos e com sininhos, usados em falcoaria, que valeram a Colombo um tal sucesso entre os 'indianos'.

A África o familiarizou também com o comércio dos escravos, que ele sempre achou coisa muito natural; ao ver os lucros que os portugueses obtinham com isso, concebeu mais tarde a idéia nefasta de subjugar os indígenas das "Índias".

Por volta de 1483, morreu Felipa. Essa figura feminina, que a história não nos permitiu tirar da sombra, desapareceu do destino do Descobridor. Outra apareceu mais tarde, também ela apagada. "Prouve a Deus", escreve sem rodeios Las Casas, "tirar-lhe sua mulher, pois convinha a seu projeto que ele estivesse livre de toda preocupação."

Durante os anos seguintes, Colombo procurou fazer com que João II, que subira ao trono em 1481, adotasse o plano grandioso que concebera. Para isso, deixou, muito provavelmente, as ilhas, para instalar-se em Lisboa, onde reencontrou seu irmão Bartolomeu, dez anos mais moço. "De alta estatura, mas menos imponente", também ele muito bom navegador, tendo noções de cosmografia, "muito competente, ainda mais que seu irmão, na confecção dos mapas marítimos" (Las Casas), Bartolomeu tinha uma oficina de cartografia na capital. É provável que também vendesse obras impressas, e sua loja devia ter sido uma espécie de centro intelectual. O cronista Gallo lhe atribuiu uma influência decisiva sobre seu irmão:

> Imbuído das narrações daqueles que voltavam, por assim dizer, de um outro mundo, comunicou a Cristóvão as informações que tinha e sua convicção de que um navegador que se dirigisse para o Ocidente acabaria por descobrir uma terra continental.

Cristóvão devotou-se ao estudo, em estreita colaboração com seu irmão. Teria abandonado toda atividade comercial, o que pode explicar as dívidas que contraiu em Portugal. Adquiriu os dois livros que passaram a ser seus livros de cabeceira, e que estão guardados em Sevilha, na Biblioteca Colombina: a *Historia Rerum*, do papa humanista Pio II (1458-1464), impressa em 1477; a *Imago Mundi*, do cardeal francês Pierre d'Ailly (século XIV), impressa por volta de 1480. Cobriu as margens desses livros de notas (de "postilas"), quase todas escritas em latim. Notas de diferentes épocas e difíceis de datar; a mais antiga, e mais seguramente datada, é de 1481. Difíceis também de distinguir das que foram escritas por Bartolomeu. Las Casas, que teve os livros em mãos, se enganou; o "sinal distintivo" de Cristóvão é uma pequena cruz, que precede tudo o que escreve. Ele já deveria ter lido Marco Polo, mas o exemplar impresso, conservado na Biblioteca

Colombina, é posterior, pois ele o comprou mais tarde, na Espanha. Com efeito, numerosos manuscritos da *Descrição do mundo* circulavam em Portugal, e esse livro inspirou-lhe certamente o desejo de chegar à *Cipango dos tetos de ouro* e ao país do Grande Cã.

Marco Polo, simples comerciante, simples leigo, não era uma "autoridade" que se pudesse invocar na corte de Portugal, onde, há várias décadas, eminentes cosmógrafos, sábios teóricos se formaram em torno do infante Henrique. O próprio Colombo, como todos os homens de sua época, tinha necessidade de apoiar-se em "autoridades": a Antigüidade clássica, a Bíblia, os Padres da Igreja. Era o que lhe fornecia o copioso tratado de Pierre d'Ailly: a *Imago Mundi*. A descrição do mundo, feita pelo cardeal francês, se conformava com as concepções de Aristóteles sobre a exigüidade do globo, aguçando assim o instinto que levava Colombo para o oeste. Até se disse, com uma fórmula impressionante, que foi Aristóteles o responsável pela descoberta do Novo Mundo[1] — Aristóteles, que escreveu, no *Tratado do céu e da terra*, que lhe é atribuído: "A região das Colunas de Hércules e a Índia são banhadas pelo mesmo oceano." Essa teoria era também a de Sêneca e a de Plínio o Velho. Na Idade Média, Alberto Magno e Roger Bacon a retomaram. Contra aqueles que acreditavam, depois de Ptolomeu, num imenso oceano intransponível, Bacon invocava o profeta Esdras, num texto apócrifo, então considerado canônico: no terceiro dia da Criação, Deus secara seis partes do globo; apenas a sétima parte permanecia coberta pelas águas. Havia, pois, muitas terras emersas. Tudo isso, "digerido" por Pierre d'Ailly, parecia convincente a Colombo.

Infelizmente para ele, existia uma outra opinião sobre as dimensões do globo, apoiando-se na autoridade de Ptolomeu, cuja *Geografia*, traduzida em latim no início do século XV, e acompanhada de mapas, era a base do conhecimento do mundo. Colombo adquiriu a sua primeira edição impressa (Roma, 1478; admirável exemplar, com 27 mapas gravados, conservado na Academia de História de Madri). Certamente, nosso autodidata respeitava Ptolomeu, mas em dois pontos tinha uma opinião diferente da do alexandrino; foi essa sem dúvida a causa de seu fracasso junto aos cosmógrafos, tanto portugueses quanto castelhanos.

A partir de Aristóteles, os sábios admitiam que a terra era redonda, conhecimento divulgado na Idade Média pelo *Tratado da esfera*,

[1] Charles Jourdain, *De l'importance d'Aristote et de ses interprétations sur la découverte du Nouveau Monde*, Paris, 1888.

de Sacrobosco, que a imprensa difundiu em numerosos exemplares. A esfera terrestre se dividia em 360 graus. Mas — primeiro ponto — não havia consenso sobre o comprimento a atribuir ao grau. Para a escola de Alexandria, e seu representante Ptolomeu, o grau media 50 milhas náuticas; para o astrônomo árabe Alfragan, 56 2/3 milhas árabes, ou seja, 66,2 milhas náuticas. Colombo adotou a medida de Alfragan, mencionada por Pierre d'Ailly, mas traduzindo de modo errôneo a milha árabe em milha italiana: a medida do grau era então de 45 milhas náuticas, de que o genovês concluiu que o mundo era 10% menor do que ensinava Ptolomeu.

Segundo ponto: Ptolomeu declarava que o mundo conhecido — a Eurásia — media 180 graus do oeste a leste. Mas um astrônomo mais antigo, Marinho de Tiro, lhe atribuía 225 graus, o que teria situado a Ásia na longitude atual do Alasca. Pierre d'Ailly adotava a opinião de Marinho de Tiro, invocando Aristóteles, que considerava navegável o oceano que separa a Espanha da Índia. Longas notas de Colombo à margem desses trechos da *Imago* mostram a importância decisiva que tiveram para ele tais afirmações. Por exemplo: *O fim das terras habitáveis, na direção do oriente, e o fim das terras habitáveis, na direção do ocidente, são bastante próximos, e no meio há um pequeno mar*. De fato, o *início da Índia* não devia se encontrar muito longe das costas da Espanha, pois, aos 225 graus de Marinho de Tiro, era necessário ainda acrescentar, segundo Marco Polo, 30 graus de longitude leste para chegar ao Japão.

Colombo pôde suspeitar dessas concepções geográficas já em Gênova. Paolo Revelli cita um planisfério genovês de 1457 que adota as medidas de Marinho de Tiro. Coincidem elas exatamente com as que revela o célebre globo de Nuremberg, construído mais tarde entre 1487 e 1492, de que existe uma reprodução na Biblioteca Nacional, em Paris. Nele, vê-se Cipango figurado na localização aproximada do México, num mesmo paralelo que as ilhas Canárias, paralelo que Colombo seguiu em 1492... Esse globo era obra do cosmógrafo alemão Martin Behaim, que permanecera longamente em Portugal, de 1484 a 1487, onde, como o genovês, ele se casara com uma mulher de uma família de exploradores. Colombo só deixou Portugal em 1485. Behaim e ele puderam, pois, conhecer-se e confrontar seus pontos de vista. Outra coincidência: o mesmo Martin Behaim voltou à corte de Portugal em 1493 (o Novo Mundo já estava descoberto, mas a Europa ainda não o conhecia), propondo-se a partir à descoberta das Índias pela rota do oeste (carta do astrônomo Münzer a João II). Isso prova apenas que a idéia estava "no ar", naquele fim do século XV.

Podemos falar agora da célebre correspondência de Colombo com Toscanelli, que foi objeto de discussões apaixonadas entre eruditos: declarada falsa por H. Vignaud, considerada verdadeira por C. Lollis, ela é geralmente julgada autêntica em nossos dias (por A. Ballesteros e L. Molinari, entre outros), salvo por A. Cioranescu (na *Revista de estudios americanos*, 1957), que acredita que ela tenha sido "fabricada" pela corte portuguesa em 1494 (diremos depois por quê). A correspondência consiste em duas cartas de Paulo Toscanelli, eminente sábio florentino, cujo interesse pelos descobrimentos é bem conhecido. A primeira chegou até nós simultaneamente sob sua forma original latina (pela cópia feita por Colombo nas páginas de começo de um de seus livros, a *Historia Rerum*) e sob forma de uma tradução em língua vulgar, feita por Fernando e Las Casas, que a inseriram em suas *Histórias*; só conhecemos a segunda através desses dois biógrafos de Colombo. As circunstâncias e o teor da primeira são os seguintes: consultado pela corte de Portugal sobre a possibilidade de atingir as Índias pelo oeste, Toscanelli teria respondido afirmativamente, numa carta dirigida em 1474 ao cônego Martins, de Lisboa, carta acompanhada de um mapa, onde estavam assinaladas as distâncias aproximadas entre Espanha, Antilia, Cipango e Catai. Em Portugal, o genovês teria tido conhecimento do fato graças às suas relações na Corte. Ele teria então escrito ao sábio, pedindo-lhe informações precisas, e teria obtido de Toscanelli a cópia de sua carta a Martins e a cópia do mapa. Assim, o que chamamos primeira carta é na realidade uma carta a Martins, com um preâmbulo dirigido a Colombo. A segunda carta de Toscanelli, não datada, mas anterior, naturalmente, à morte do florentino — 1482 —, estimulou Colombo a perseverar em seu *magnífico projeto*: o sábio insistia, como já havia feito, sobre o alcance cristão da empresa; comerciantes e viajantes que voltavam das Índias o informaram do desejo que tinham os soberanos dessas regiões de entrar em contato com os cristãos.

Fernando e Las Casas afirmam que essas cartas foram um estímulo decisivo para o Navegador. O mistério está nisto: o genovês não fez nenhuma alusão a Toscanelli; e também não parece que se tenha valido da autoridade do florentino em suas negociações com os diferentes soberanos; nem ele nem os cronistas da época dizem seja o que for a esse respeito. Alguns historiadores viram nisso um silêncio voluntário que esconderia talvez o roubo da "carta a Martins".

Não entraremos mais a fundo no debate, observando que a correspondência de Toscanelli não desempenhou, talvez, o papel decisivo que lhe atribuem partidários ou adversários de sua autenticidade. Em sua carta a Martins, "mestre Paulo" exaltava as riquezas em ouro e em especiarias existentes em Catai e o interesse dos cristãos em lá chegarem pelo caminho mais curto. Nada disso era novo para quem lera Marco Polo; o fato de que um letrado endossasse as descrições e a nomenclatura do viajante veneziano, muito lido, mas considerado geralmente como um fabulista, dava, no entanto, mais credibilidade à *Descrição do mundo.*

Resta a questão do "mapa de Toscanelli". Não temos mais vestígio dele, mas é fácil reconstituí-lo segundo o que diz a carta a Martins: "De Lisboa até a muito nobre cidade de Quinsay [China do Sul], há 26 espaços, cada um de 250 milhas... Da ilha Antilia, que chamais das Sete Cidades, até a muito grande ilha de Cipango, há 10 espaços." A costa portuguesa estaria pois a 26 x 250 = 6.500 milhas náuticas da de Catai, ou seja, a 130 graus (se se adota a medida ptolemaica: 1 grau = 50 milhas). A Eurásia mediria 230 graus (360-130).

Se esse mapa existiu, teve ele um papel determinante sobre a concepção de Colombo? Acabamos de ver que, combinando Marinho de Tiro e Alfragan, ele chegara a conclusões ainda mais otimistas sobre a pouca distância entre a Europa e a Ásia. Marcara ele suas próprias avaliações na "esfera" que, segundo Fernando e Las Casas, enviou a Toscanelli, como começo de conversa? Mas o mapa de Toscanelli realmente existiu? Las Casas diz que sim: afirmou tê-lo em mãos e o identificou com o mapa que o Descobridor levou a bordo da *Santa Maria*, onde figuravam, diz ele, "todas as ilhas e a terra firme que marca o começo da Índia". Mas o historiador das Índias pode ter-se enganado: em nenhum lugar, em seu diário de bordo, Colombo diz que o mapa que consultava era de "mestre Paulo". Por que não teria sido um mapa-múndi desenhado por ele mesmo, um daqueles que ele nos diz ter executado?

Colombo não podia tentar sua grande aventura sem o apoio de um soberano, e a posição da família de sua mulher lhe facilitava o acesso à corte de Portugal. Foi sem dúvida no ano de 1484 que o rei João II mandou que os sábios que o cercavam examinassem as propostas de Colombo. Destas só sabemos o que relata o historiador português Barros, que escreveu por volta de 1539, segundo informações de boa fonte:

> Colom, homem eloqüente, bom latinista, cheio de soberba... tendo lido Marco Polo, chegou à conclusão de que pelo oceano, podia-se chegar a Cipango e a outras terras desconhecidas: já que se descobriram os Açores, devia existir mais a oeste ainda outras terras. Cheio de sonhos, que faziam nascer nele as suas viagens contínuas e as conversas que tinha com homens de nossa terra, conhecidos por suas descobertas passadas, foi pedir ao rei João algumas embarcações com as quais iria à ilha de Cipango pelo mar Oceano... Diante de

sua insistência, o rei o enviou a dom Diogo Ortiz, bispo de Ceuta, a mestre Rodrigo e a mestre José, aos quais confiava geralmente essas questões de cosmografia e descobrimentos, e todos eles consideraram vãs as palavras de Colom, pois tudo o que dizia era baseado sobre a imaginação ou sobre coisas tais como a ilha de Cipango de Marco Polo.

O genovês foi dispensado, mas com gentileza, pois uma de suas notas marginais nos diz que em 1485 ele se encontrava junto ao rei no exato momento em que este recebia seu médico-cosmógrafo José, que relatava medidas de latitude tomadas na costa da Guiné.

Por que João II não confiou nele? É provável que os cosmógrafos reais que interrogaram Colombo não tenham ficado convencidos por suas afirmações sobre a exigüidade do oceano e que sua avaliação do grau terrestre lhes parecesse errônea. Sente-se no relato de Barros a simpatia deste pelo autodidata que era o Navegador. Por outro lado, Fernando Colombo disse que o rei recuou diante das prerrogativas honoríficas exigidas em caso de sucesso: esporas de ouro, título de almirante. A dignificação era, no entanto, de praxe nesses casos; quanto à qualidade de almirante, não fora ela concedida a um genovês, no século anterior? O rei recuou, na verdade, diante das despesas do empreendimento, que deveriam ser assumidas pela Coroa.

João II preferia, sem dúvida, concentrar todo o esforço de seus navegadores em outro objetivo: contornar a África por mar e abrir assim uma nova rota para as Índias. Os portugueses estavam quase atingindo seu alvo: em 1482, Diogo Cão ultrapassara largamente o equador e descobrira a foz do Congo. Não estava longe o momento em que Bartolomeu Dias iria dobrar, em 1487, o cabo da Boa Esperança.

Não se vá pensar, entretanto, que o rei não estivesse interessado na exploração oceânica. Historiadores portugueses recentes, como J. Cortesão, pensam até que se tinha, desde essa época, em Lisboa, o pressentimento — ou a certeza — da existência do continente sul-americano. Nesse ponto, o testemunho do próprio Colombo não deixa de ser perturbador: quando de sua terceira viagem ao Novo Mundo, em 1498, desceu até a baixíssima latitude da Sierra Leone, antes de dirigir-se para oeste, para *verificar*, escreveu ele, *o que pretendia o rei João: a saber, que haveria na direção do oeste uma grande terra firme*. Colombo a encontrou, efetivamente, na foz do Orenoco. Também Antilia continuava a obcecar a imaginação dos habitantes das ilhas: nesse mesmo ano de 1485, no qual Colombo deveria renunciar ao apoio da corte de Portugal, João II negociava com um certo Dulmo, que queria equipar duas caravelas às suas custas para encontrar Antilia. Foi uma tentativa que, como muitas outras expedições ao oeste dos Açores, também fracassou. A corte de Lisboa podia pensar, com razão, que o caminho para as Índias seria mais fácil de encontrar pelo sul que pelo oeste.

Colombo deixou Portugal bruscamente, talvez no verão de 1485, "às escondidas", dizem seus biógrafos Fernando e Las Casas. Pensou-se primeiramente que ele temesse o ressentimento do rei, muito ciumento do segredo das rotas oceânicas, no qual o genovês se iniciara durante sua longa permanência no país; hoje se acredita que ele desejava evitar a perseguição de certos credores, e cláusulas de seu testamento parecem confirmar essa hipótese. Seus planos imediatos não apareceram claramente. Certamente, ele viu várias possibilidades, entre as quais, dirigir-se à corte de Castela ou à corte de França e aguardou alguma circunstância providencial. É natural que ele tivesse ido primeiro à vizinha Espanha. Desembarcou em Palos, porto da costa andaluza, não longe de Huelva, onde morava a irmã de sua mulher, casada com um castelhano. Depois, segurando pela mão seu filho Diego, de cerca de cinco anos, foi ao monastério franciscano de La Rabida, à distância de uma légua. Episódio romanesco, que um médico de Palos contou mais tarde. Pode-se reconstituir os fatos da maneira seguinte (em meio a dúvidas, pois o médico acrescentou fatos relativos a uma ida posterior de Colombo a La Rabida): o estrangeiro bateu à porta, pedindo água para o pequeno Diego, que estava cansado. O padre prior, Antonio Marchena, cosmógrafo renomado, acolheu-o e se interessou pelo que ele dizia — mais ainda porque, nessa costa, as expedições longínquas eram muito praticadas. *Esse religioso foi a única pessoa que sempre me ajudou*, escreveu mais tarde o Descobridor. O pequeno Diego ficou em La Rabida, sob os cuidados dos religiosos.

De Palos, Colombo foi para Sevilha, grande metrópole comercial, onde um bairro inteiro era reservado aos genoveses. Lá, entrou em contato com o banqueiro florentino Berardi, que lhe prestou ajuda financeira durante anos. Seus novos amigos o apresentaram a um grande de Espanha, o duque de Medinaceli, homem poderosamente rico, que tinha sua frota comercial pessoal e estava disposto a equipar às suas próprias expensas a armada necessária à grande aventura. Mas Colombo desejava o apoio de um soberano e declarara sua intenção de dirigir-se à corte de França. O duque o enviou então à rainha, em Córdoba. Nessa cidade, Colombo conheceu Diego Deza, dominicano, então preceptor do príncipe herdeiro. Mas só foi apresentado aos soberanos algumas semanas mais tarde, em 20 de janeiro de 1486, em Alcalá de Henares.

"A rainha" era a rainha Isabel de Castela, casada com Fernando de Aragão: dizia-se "os Reis", falando dos jovens soberanos. Tiveram eles primeiramente que enfrentar uma guerra civil, conjugada a uma guerra externa contra Portugal. Um tratado de paz foi concluído em 1479 e resolveu, ao menos provisoriamente, a rivalidade marítima existente: Castela renunciou a toda pretensão sobre a costa africana e sobre as ilhas dos Açores; Portugal reconheceu o domínio espanhol sobre as ilhas Canárias, mais ao sul, em águas africanas. A partir dessa data, os Reis tinham as mãos livres para realizar seu grande projeto: repelir os mouros da Espanha. No momento em que Colombo chegava a seus Estados, a luta de morte contra o reino de Granada começara.

Isabel tinha a mesma idade do genovês: 35 anos.

> Loura, olhos entre o verde e o azul, olhar gentil, rosto belo e gracioso, escreveu seu secretário Pulgar. Era muito comedida em seus movimentos e atitude; era uma mulher de grande inteligência e grande sabedoria.

Também de temperamento apaixonado e profundamente cristã, muito consciente dos deveres que lhe impunham sua fé e sua posição.

Fernando era um ano mais moço: "Bem-proporcionado... excelente cavaleiro, de inigualável habilidade nas justas; muito senhor de si, pois nem a cólera nem o prazer o modificavam"; diplomata consumado, provocou a admiração de Maquiavel. Além disso, era um crente sincero.

Sobre essa primeira entrevista, apenas algumas linhas breves de Las Casas:

> Suas Altezas tomaram conhecimento de uma solicitação, acolheram-no com benevolência e decidiram submeter a questão a uma comissão de letrados... pois, naquele momento, a guerra lhes causava grandes preocupações.

Assim sendo, nada houve de decisivo. Mas Colombo deixou uma impressão favorável: "alto, nariz aquilino, cabelos prematuramente brancos", assim o descreveu seu filho Fernando. Com suas maneiras sérias e sua eloqüência inflamada quando falava da missão enviada por Deus, logo inspirou confiança e simpatia à rainha: *Todos escarneceram de meu projeto. Só Vossa Alteza demonstrou fé e constância, e isso, não se pode duvidar, por uma luz do Espírito Santo*, escreveu Colombo.

A partir desse momento, o genovês passou a receber uma pequena pensão da Corte e se instalou em Córdoba. Freqüentou compatriotas e o estabelecimento de um boticário-médico, onde marcavam encontro todos os curiosos de "física" e de "astrologia". Um certo Pedro Arana, biscainho, apresentou-o à sua irmã Beatriz. Estabeleceu-se uma relação entre essa jovem de vinte anos e o homem maduro — ligação nunca regularizada pelo casamento, o que muito entristeceu certos admiradores modernos de Colombo, que desejariam que ele fosse canonizado. Um filho nasceu dessa união, em 1488: Fernando, que veio a se tornar um homem de ciência, um humanista eminente. Mais tarde, mesmo continuando a sustentar Beatriz Arana materialmente, o Descobridor abandonou a vida conjugal, certamente quando entrou para a ordem terceira franciscana. Talvez tenha feito até voto de castidade, pois nunca esteve implicado em nenhum caso amoroso no tempo de suas estadas nas "Índias", onde os costumes eram muito livres. Os parentes próximos de Beatriz foram associados à grande empresa: seu primo comandava a frota, quando da primeira viagem; seu irmão uma caravela, quando da terceira. Em seu testamento, Colombo deixou transparecer um sério remorso em relação a Beatriz: *pessoa em relação à qual minha consciência está extremamente carregada. Não é conveniente dizer aqui a razão.* É quase certo que Beatriz era de origem judaica.

No fim de 1486, Colombo acompanhou a corte, que foi para Salamanca. Lá, conheceu Diego Deza — dominicano, professor de teologia no colégio San Esteban, mais tarde preceptor do príncipe herdeiro, depois bispo — e encontrou nele um protetor esclarecido. *Só dois religiosos me foram constantemente favoráveis*: Juan Perez e Deza, um franciscano e um dominicano... Notemos essa faculdade de Colombo de fazer amigos fiéis; encontraremos outros, italianos ou espanhóis, que sempre lhe manifestaram sua estima e seu apoio. Isso seria dificilmente imaginável se o genovês fosse um falastrão sem escrúpulos, como se disse freqüentemente.

Aproveitando sua permanência na cidade universitária que é Salamanca, os Reis reúnem uma comissão de sábios e letrados, encarregada de examinar o projeto de Colombo.

Estive entre aqueles que conversaram com o Almirante sobre seu projeto, escreveu mais tarde o conselheiro Maldonado. Todos o declararam irrealizável, mas ele lançou o desafio de realizá-lo. Os Reis adiaram sua resposta, mas sem tirar-lhe toda esperança de voltar ao assunto quando estivessem menos ocupados.

Somente em 1492 a constância de Colombo foi recompensada.

Suportei seis ou sete anos de sérias dificuldades, expondo o melhor que podia o grande serviço que se podia prestar a Nosso Senhor, fazendo conhecer Seu Santo Nome e a Fé a tantos povos, o que seria para tão grandes príncipes honra e ilustração. Mostrei-lhes os escritos de sábios dignos de fé, que contavam as grandes riquezas que lá havia; foi preciso também invocar a opinião daqueles que descreveram o mundo... Todos os que tinham participado dessas conversas consideravam tudo como brincadeira. Mas, apesar do cansaço que eu suportava, tinha a certeza de que tudo se realizaria, pois, em verdade, "tudo passará. mas a Palavra de Deus não passará". Ele que falou tão claramente dessas terras pela boca de Isaías, em tantos lugares da Santa Escritura, afirmando que da Espanha partiria a divulgação de Seu Santo Nome.

Durante esse período de espera, como a cruzada contra Granada se prolonga, e não acontece nenhuma decisão no que lhe diz respeito, Colombo retomou, em 1488, entendimentos com a corte de Portugal. "A nosso especial amigo Colombo", escreve-lhe João II. "Lemos a carta que nos escrevestes. Desejamos muito ver-vos... e vos enviamos nossa segurança, para que nada tenhais a temer de nossos oficiais de justiça." (É provável que Colombo temesse perseguições de credores.) Nesse momento, João II estava sem notícias de Bartolomeu Dias, que se comprometera a contornar a África; além do mais, Dulmo fracassara em sua viagem para o oeste. Daí a retomada do interesse pelo genovês.

Cristóvão passou alguns meses em Lisboa, onde encontrou seu irmão. Mas eis que Bartolomeu Dias voltou com uma notícia inesperada. *Anuncia ao rei que fora até um cabo que chamou cabo da Boa Esperança*, escreveu o próprio Colombo, numa nota na *Imago Mundi*, a não ser que essa postila seja de seu irmão Bartolomeu, *e mostrou-lhe um mapa de navegação. Eu estava presente.* Agora que a rota para as Índias pelo sul e pelo leste estava aberta, João II não tinha mais motivo para reter Colombo. Foi talvez nesse momento que os dois irmãos decidiram apresentar o projeto ao rei da Inglaterra. Sabe-se, por Fernando Colombo, que Bartolomeu foi à corte de Inglaterra e mostrou a Henrique VII um mapa das terras "que queria descobrir com seu irmão", acompanhado de versos latinos que invocavam a autoridade de Ptolomeu e de Plínio.

Colombo voltou à Espanha. Em fins de 1489, encontrava-se no campo real, situado diante de Baza, cidadela moura. Dois irmãos franciscanos se apresentaram então aos Reis, portadores de um ultimato do sultão do Egito: se os soberanos de Castela não abandonassem a guerra contra Granada, o sultão arrasaria os Lugares Santos. É possível que Colombo tenha assistido a essa embaixada; pelo menos, conhecia-lhe o teor. Talvez se deva datar desse momento a preocupação constante que teve com Jerusalém, verdadeira obsessão presente até a morte. Quando achou a primeira mina de ouro nas "Índias", escreveu em seu diário de bordo:

Daqui a três anos, Vossas Altezas poderão preparar-se para partir à conquista da Casa Santa, pois sempre propus que todo o ganho que resultasse de minha empresa fosse empregado na conquista de Jerusalém.

Durante todos esses anos de inação, Colombo teve tempo de amadurecer o seu projeto. Desenhou vários mapas e mapas-múndi, como o que, por várias vezes, mostrou aos soberanos, "de modo a dar-lhes o desejo de conhecer essas terras", como escreveu seu futuro amigo, o cronista Bernaldez. (Existe, na Biblioteca Nacional, um mapa, seguramente datado dessa época — entre 1488 e 1492 —, que Charles de La Roncière atribuiu ao genovês: é um portulano da Europa e do norte da África, guarnecido de um pequeno mapa-múndi; as "legendas" de ambos lembram nitidamente as anotações que Colombo fazia em sua *Imago Mundi*. Mas a ausência de figuração de Cipango, a localização muito setentrional dada a Antilia provam ou que o mapa-múndi não é dele, ou que ele quis "ocultar suas hipóteses".)

Colombo comprou um exemplar latino impresso da *Descrição do Mundo* de Marco Polo. Adquiriu também a tradução latina, publicada em 1484, do *Livro das maravilhas*, atribuído ao viajante inglês J. de Mandeville, que teria penetrado até a China no século XIV; o autor utilizava não Marco Polo, mas outros relatos de viajantes, entre os quais o de um embaixador do papa na Tartária (Plancarpin) e misturava a esses dados lendas de homens e de animais saídas dos bestiários da Idade Média. Um trecho como este podia fazer sonhar o futuro Descobridor:

> Um homem valoroso partiu outrora para perquirir o mundo. Foi além de Índia e Ultra-Índia, mais de cinco mil léguas, e circundou o mundo por muitas estações... Disse que vira o contorno do firmamento e voltou para o seu país.

Estamos agora tão acostumados à idéia da "volta ao mundo", que é difícil para nós imaginar a mentalidade dos homens da Idade Média. Certamente, depois da prova apresentada por Aristóteles, a esfericidade da terra não estava mais em questão. Mas quantos mistérios subsistiam! Havia, principalmente, a famosa questão dos *antípodas*. Primeiro: existem, indagava-se, terras emersas no hemisfério oposto ao que habitamos, ou seja, no hemisfério austral, ou seja, no hemisfério ocidental? Segundo: se essas terras existem, são elas habitadas?

Quanto ao primeiro ponto, as opiniões diferiam. Acreditavam alguns, como os antigos, que o oceano ocupava a maior parte do globo. Quanto ao segundo ponto, Santo Agostinho dera a resposta: em primeiro lugar, era difícil imaginar homens andando de cabeça para baixo, e, principalmente, seria contrário ao plano divino que alguns homens não pudessem ser atingidos pela propagação do Evangelho, separados como estariam, ou pelo oceano, ou por uma zona tórrida, ambos julgados intransponíveis. Essa opinião, que fora defendida por Nicolau de Lira no Século XIV, prevalecia em Castela. Contrariamente, Alberto Magno e a escola tomista em geral diziam que havia não impossibilidade, mas apenas dificuldade em atravessar a zona tórrida. Os fatos começavam a prová-lo, e Colombo anotava, à margem da *Imago Mundi*: *Em nossos dias, os portugueses navegam nessas regiões* [tórridas]; *são elas muito povoadas, e sob o equador foi construído o castelo da Mina, que eu vi.* Assim, quanto às regiões antípodas[2] austrais, não há dificuldade. O genovês se propunha a revelar ao mundo "as regiões antípodas ocidentais": foi com esse nome que o humanista Pedro d'Anghiera saudou a descoberta, logo que a notícia chegou à Espanha. Outro contemporâneo, Pedro Bembo, em sua *História de Veneza*, assim resumiu o projeto exposto pelo Navegador a Fernando e Isabel:

> [Colombo alegava] que era fábula vã dos Antigos acreditar que apenas duas partes do mundo eram habitáveis: seria absurdo que Deus criasse o mundo e deixasse a sua maior parte inútil, vazia de homens...; que aquilo que os autores chamam oceano não oferece uma vã imensidade, mas está repleto de ilhas e terras habitadas; que o globo, em toda a sua superfície, participa da *aura* vital.

Posteriormente, para qualificar o seu projeto, Colombo empregou termos grandiosos: *Fiz-me mensageiro, junto a esses príncipes, do novo céu e da nova terra, de que fala Nosso Senhor no Apocalipse, pela boca de São João, após tê-lo feito pela boca de Isaías.* Efetivamente, era de uma "nova terra", de um "*novo mundo*" (a expressão é de Colombo) que se tratava, para ele. "Novo" no sentido de que não foi atingido pela proclamação da Boa Nova. Existe aqui, evidentemente, uma certa confusão entre dois planos, as realidades de ordem geográfica e as de ordem sobrenatural. Mas, para um cristão da Idade Média, nosso globo terrestre, considerado como o centro do universo criado, não era estranho às próprias realidades sobrenaturais: não se situava o Paraíso terrestre em certa região montanhosa do Oriente, e o Inferno nas entranhas da terra? E a curiosidade científica, como diríamos hoje, era movida principalmente por um imperativo cristão — trazer para a órbita da Igreja uma metade ainda desconhecida do mundo; era responder à ordem formal do Senhor: levar o Evangelho às extremidades da terra. Era preciso concluir o mundo, reuni-lo em uma só Cristandade. Descobrimentos e perspectivas religiosas não se separavam. Colombo acreditou sinceramente que o próprio Deus lhe inspirava o empreendimento das Índias, e que, se a rainha Isabel compreendeu a grandeza de seu projeto, *foi graças à luz do Espírito Santo*.

2 *Antípodas*, usado aqui no sentido de regiões habitadas pelos "antípodas".

Como os antípodas ocidentais estavam, por hipótese, na região das Índias, Colombo pensou que lá encontraria o Grande Cã e que seria altamente louvável propor a esse príncipe a amizade dos cristãos e a luz da fé, tendo razões para pensar que seria bem-acolhido. Não contava Marco Polo que, em 1266, seu pai e seu tio, que se encontravam então em Pequim, foram mandados a Roma por Kublai, imperador reinante, cuja mãe era cristã nestoriana, a fim de rogar ao papa que lhe enviasse "até cem homens sábios, para ensinar a doutrina cristã"? Quando de suas negociações na corte de Castela, Colombo lembrou: *O grande Cã e seus predecessores, por muitas vezes, enviaram embaixadores a Roma, para pedir doutores em nossa santa fé, mas nunca o Santo Padre proveu a isso.* E quando ele partiu enfim para as Índias, levava uma credencial de Fernando e Isabel para o Grande Cã. A benevolência desse princípio e de seus vassalos era um traço encorajador, observado por Colombo na *Historia Rerum* de Pio II: *O povo de Catai*, anotou ele, *é muito pacífico, e isso no começo da Índia, logo defronte à Espanha.*

Como tive que falar também do lado temporal do assunto, escreveu Colombo, resumindo seus anos de espera, *mostrei aos Reis os escritos de sábios dignos de fé, que contavam as grandes riquezas que lá havia.* Esses escritos eram, certamente, a *Historia Rerum*, que fala da abundância de ouro e pérolas que possui Catai, e a *Imago Mundi*, que evoca as ilhas do mar das Índias, cheias de pedras preciosas e pérolas. Provavelmente também os comentários da Bíblia — do Livro dos Reis e das Crônicas —, falando das fabulosas riquezas de Társis e de Ofir, para onde o rei Salomão enviava sua frota à procura de ouro, marfim, macacos e madeiras preciosas. Colombo anotou copiosamente os trechos, em sua opinião demasiado breves, da *Imago Mundi*, onde se tratava desses reinos misteriosos. Mais tarde, escreveu um elogio ao ouro que escandalizou seus detratores modernos: *O ouro é coisa excelente. Quando o possuímos, fazemos tudo o que queremos neste mundo, até conduzir as almas ao paraíso.* Mas, para o Descobridor, o ouro era principalmente o meio de promover empreendimentos santos. Ele disse e repetiu que todo o lucro da descoberta devia ser usado para fins religiosos. Assim como o ouro de Ofir permitiu a Salomão guarnecer o Templo com um mobiliário litúrgico magnífico, o ouro evocou no espírito de nosso místico a idéia de Jerusalém: a libertação do Santo Sepulcro, complemento de seu grande sonho de percorrer o mundo.

Esse clima de cruzada devia encontrar na Espanha uma ressonância especial. A luta empreendida por Fernando e Isabel contra os inimigos do interior — os judaizantes — e contra os inimigos do exterior — os muçulmanos — aparecia como a realização de um plano providencial, que abria uma perspectiva grandiosa. Há um século, revividas pelo monge aquitânio Jean de Roquetaillade, circulavam numerosas profecias, atribuídas ao mítico mago Merlin e a Joaquim de Flore, o santo eremita calabrês do século XII, que predissera o desaparecimento da seita de Maomé e o reflorescimento cristão. Esperava-se um rei "filho da águia", que "subjugaria os mouros de Granada", e depois "recuperaria a Terra Santa". Com a subida ao trono de Fernando o Católico, essas profecias pareciam prestes a se realizar.[3] Colombo observou esses sinais avidamente. Muitas vezes escreveu: *O padre Joaquim disse que deve vir da Espanha aquele que reconstruirá a Santa Casa de Sião!*

Esses sonhos grandiosos tornavam mais tolerável a espera de Colombo. Nesses anos difíceis, conseguiu ele, entretanto, relacionar-se com pessoas influentes. O cardeal de Espanha, Mendoza, chamado "o terceiro rei", tinha-o em grande estima, tendo constatado que esse estrangeiro "era sensato, bem-falante, e raciocinava bem", escreveu o historiador real, Oviedo. O grande financista Santangel, talvez de origem judaica, e seu parente Gabriel Sanchez, um fiscal-geral, outro tesoureiro de Aragão, também confiavam nele, e tiveram ocasião de prová-lo. Quanto ao legado do papa, Alexandre Geraldini, nascido em Gênova, favoreceu o quanto pôde a seu compatriota, de quem se tornou um amigo fiel.

Entretanto, a situação de Colombo era precária, sob o ponto de vista material e moral. Tornara a fazer e vender mapas. Era-lhe penoso ouvir os sarcasmos dirigidos contra o seu grande sonho, de realização sempre procrastinada.

Depois de ter estado na Inglaterra, Bartolomeu Colombo encontrava-se então na França, na corte de Carlos VIII. Não seria o rei de França o homem designado pela Providência para promover o grande projeto? Alguns comentaristas viam em Carlos VIII aquele que realizaria a profecia de Joaquim de Flore. Teria Colombo recebido garantias, do lado francês? Nenhum indício chegou até nós, salvo o que ele próprio confessou em uma carta de maio de 1505 ao rei Fernando: *Recebi cartas dos reis de Inglaterra e França, que a rainha* [Isabel] *viu e leu, e que comunicou a seu conselho.*

De qualquer modo, em 1491, Colombo sentiu-se tentado a impacientar-se e deixar a Espanha. Foi a Palos, e depois ao monastério de

3 Ver o curioso texto intitulado *Souhaits de bienvenue à Ferdinand le Catholique*, publicado em *Romania*, XI, p. 333 s.

La Rabida, talvez para rever seu filho Diego. Novo lance do destino. Seu amigo Antônio Marchena, a quem se reuniu um outro irmão menor, o irmão Juan Perez, vendo-o completamente desencorajado, tomou a direção do assunto. Mandou buscar em Palos o médico Garcia Fernandez, "versado em astrologia".

"Vim imediatamente", disse este, "quando do processo que opôs a Coroa e os herdeiros de Colombo. Começamos, nós três, a discutir a questão. Depois dessa conversa, encarregamos um mensageiro de levar à rainha Isabel uma carta do dito Juan Perez, que fora seu confessor. Quatorze dias mais tarde, a rainha escreveu ao dito irmão, agradecendo-lhe sua intervenção e ordenando-lhe que fosse à Corte."

Desde o mês de julho de 1491, os soberanos se tinham instalado a alguns quilômetros de Granada, que mantinham sob cerco, num acampamento organizado como uma cidade: Santa Fé. Logo após a chegada do franciscano, Isabel convocou Colombo, enviando-lhe material para equipar uma mula.

Enfim, aos quarenta anos, alcançou seu objetivo. Reuniu-se novamente uma comissão de letrados e teólogos. Alguns alegavam a impossibilidade de navegar até os antípodas, retomando os argumentos de Santo Agostinho. Geraldini, a quem devemos o relato, fez então apelo à sabedoria de Mendoza e o convenceu sem dificuldade de que os portugueses provaram há décadas a possibilidade de navegar na zona tórrida. A decisão coube, em última instância, ao Conselho Real. Colombo mostrou de novo seu mapa-múndi aos soberanos, afirmando que o caminho para chegar às ilhas e à terra firme das Índias era curto. Sua convicção é impressionante. "O que anunciastes realizou-se, como se o houvésseis visto antes de falar-nos", escreveram os Reis, depois do descobrimento.

Alguns meses ainda se passaram. Enfim, a cidade de Granada, último bastião muçulmano, fez sua rendição. Colombo juntou-se ao cortejo real que entrou, em 2 de janeiro de 1492, na cidade reconquistada: *Nesse dia, vi içarem-se os estandartes reais sobre as torres de Alhambra, e o rei mouro sair pela porta da cidade e beijar as mãos de Vossas Altezas.*

Do ponto de vista material, o genovês pedia pouca coisa: dois milhões de maravedis, a fim de equipar três caravelas; mas ainda era muito para o Tesouro Real, completamente vazio. Quanto às prerrogativas que solicitou, em caso de sucesso, pareceram exorbitantes: o título de *almirante do Mar Oceano*, que o situava na mesma posição do tio do rei, *almirante de Castela*, com os direitos judiciários ligados a esse título, a vice-realeza e o governo de todas as ilhas e terras firmes que se descobrissem, com a faculdade de nomear para todos os cargos — poder que seria transmissível aos seus descendentes. Se os soberanos tivessem podido prever a extensão das terras para as quais Colombo abriria caminho, teriam sido ainda mais hesitantes! O orgulho de sua atitude estava bem na lógica de sua natureza de inspirado, ao escrever soberbamente: *A humildade me mostrava o pouco que eu era, mas conhecendo aquilo de que eu era portador, sentia-me o igual de ambas as coroas* [Castela e Aragão]. Ei-lo bruscamente dispensado pelos soberanos. Mas, a duas léguas de Granada, um aguazil mandado pela rainha o alcançou e o fez voltar. O que acontecerá? Fernando Colombo escreveu que a mudança de Isabel deveu-se à intervenção de Santangel, que teria reprovado o seu abandono de uma empresa "magnânima", útil ao serviço de Deus, oferecendo-lhe o dinheiro necessário. Provavelmente também houve pressão do bispo Deza, então preceptor do príncipe herdeiro: *O senhor bispo*, escreveu Colombo, *foi a causa de minha permanência em Castela, pois eu já estava saindo de lá.*

Para coroar a reconquista, restava aos soberanos resolver a questão judaica. Em 31 de março de 1492, emitiram de Santa Fé o decreto de expulsão de todos os judeus da península. Ato abominável, mas que Colombo certamente aprovou, pois os judeus eram tidos como os responsáveis pela heresia "judaizante", muito divulgada na península, entre os supostos convertidos; louvou ele, mais tarde, os Reis, por *ter destruído aqueles que não queriam confessar o Pai, o Filho e o Espírito Santo*, isto é, os *conversos*. Quanto a ele, punha seu empreendimento, assim como tudo o que fazia, sob o signo da Trindade.

As *Capitulações*, como são chamados os acordos entre o Navegador e os soberanos, foram assinadas em 17 de abril. Colombo receberia, em caso de sucesso, a dignidade de Almirante, a vice-realeza e o governo das "ilhas e terra firme" que descobrisse; teria direito à décima parte do ouro, pérolas, especiarias e outros produtos preciosos que se pudessem achar; participaria em um oitavo nas despesas do empreendimento e receberia a oitava parte dos lucros. Em uma confirmação solene desses acordos, feita por cartas patentes em Granada, em 30 de abril seguinte, os Reis precisaram que o almirantado e a vice-realeza seriam concedidos a título hereditário. Ficava estipulado que o genovês, ao receber o título de nobreza, se chamaria doravante Don Cristobal *Colón*. Por que essa mudança de grafia? "Ele poliu seu nome", escreveu Fernando, "para torná-lo de acordo com o uso de sua nova pátria", e também, disse ele, porque *Colón* evoca a idéia de *colonizar*, de conquistar almas para o céu. É de estranhar que o futuro *Portador de Cristo* não tenha tirado partido do simbolismo da *columba*: pomba do Espírito Santo (Fernando desenvolveu devidamente essa imagem, e os futuros "hagiógrafos" do Descobridor — Léon Bloy, Paul Claudel — dela tirarão magníficos efeitos...). Não é impossível que o plebeu genovês tenha também desejado dar a entender que era aparentado com o almirante Coullon, que era chamado *Colón* na Espanha. *Não sou o primeiro almirante da família*, escreveu ele um dia, numa frase que permanece enigmática.

Ao texto das *Capitulações*, deve-se acrescentar a contribuição importante feita à ciência por Juan Manzano (*Siete años decisivos de la vida de Cristobal Colón*, 1484-1492, Madri, 1964). J. Manzano analisa longamente esse texto capital que é o contrato entre Colombo e a Coroa. Diz em seu preâmbulo: "Os privilégios concedidos por Suas Altezas a Cristóvão Colombo, em compensação por *aquilo que descobriu* no Mar Oceano e da viagem que vai agora empreender." Assim, Colombo ter-se-ia gabado de ter descoberto terras no Atlântico? O que quer dizer isso? Na obra que acabamos de citar, J. Manzano tira uma conclusão muito moderada: tratar-se-ia de uma gabolice do genovês, que teria contado aos soberanos o segredo de uma pré-descoberta, permitindo-lhes assim que não se desmoralizassem concedendo-lhe privilégios exorbitantes. Mas em *Colón y su secreto* (Madri, 1970) o autor é categórico: diante da recusa obstinada dos príncipes, só restou a Colombo revelar-lhes em parte o seu segredo: ele já descobriu as terras que ele se propõe a explorar mais a fundo. Não se pode deixar passar esse *lo que ha descubierto*, alegando um lapso do escriba, ao transcrever, por exemplo, como fez Las Casas, "o que ele vai descobrir". O original das *Capitulações*, que Colombo guardava preciosamente, desapareceu. Nas transcrições que o genovês mandou executar nos anos seguintes, consta realmente: *que ha descubierto*. Se se admite, como J. Manzano, a presença dessas três palavras no original das *Capitulações*, volta-se à hipótese de uma pré-descoberta. Mas, de fato, teria sido um outro o responsável pela façanha. E eis, de novo, a "lenda do piloto desconhecido", episódio que encontramos em Las Casas, e que os cronistas Oviedo e Gómara repetiram. Essa história circulava ainda na infância do célebre mestiço peruano Garcilaso de la Vega: ela era o assunto ordinário das conversas que seu pai tinha com seus companheiros de armas, dos quais alguns conheceram os primeiros colonos; e o "piloto" tinha até uma identidade: chamava-se Alonso Sanchez, nativo de Huelva. Conta-se que ele navegava entre os portos andaluzes e as Canárias, e, dali, até a Madeira; foi entre essas duas últimas localidades que ele teria sido apanhado pela tempestade. Teria morrido no domicílio de Colombo. A tese de uma pré-descoberta conhecida pelo genovês está no centro desses dois volumes, que se propõem a esclarecê-la. O autor dedicou a essa tarefa uma admirável minúcia na releitura dos textos. Explorou a fundo os processos (*pleitos colombinos*) movidos pelos herdeiros contra a Coroa. J. Manzano releu também atentamente o *Epistolario*, de Pedro Martyr d'Anghiera, fonte de grande importância, pois o humanista esteve constantemente em contato com Colombo e com os outros descobridores.

Las Casas escreveu (*Historia de las Indias*, I, cap. 14) que, quando esteve em 1502 na ilha Espanhola, os colonos contavam como Colombo acolhera em sua casa (talvez na Madeira) um piloto e quatro marinheiros, que a tempestade arremessara às costas. Só o piloto viveu tempo suficiente para narrar a sua história, precisar o lugar para onde os ventos o tinham arrastado e dar a seu hospedeiro seus mapas de navegação. Naquele tempo, era esse o relato que circulava, e foi isso, dizia-se, que estimulou Colombo. Las Casas acolheu essa narração sem reservas, mas sua admiração por Colombo não diminuiu. Surpreende, entretanto, que, quando do interminável processo entre os herdeiros de Colombo e os soberanos de Espanha, o fiscal, que representava os interesses reais, nunca tenha tentado diminuir os interesses do Almirante alegando que ele não era o primeiro descobridor.

Muitos colombistas atuais consideram a história do piloto desconhecido uma fábula, e nem se dão o trabalho de refutá-la. O prestígio que S.E. Morison[4] deve à sua qualidade de eminente homem do mar faz com que nos sintamos tentados a aceitar sua afirmação categórica: um barco levado pelos alísios às costas americanas nunca teria podido voltar. Mas pode-se acreditar no especialista J. Cortesão, quando, em *Genesis del descubrimiento* (no tomo III de Ballesteros Beretta, *Historia de America*, 1945), enumera os numerosos casos de acostagem fortuita no litoral do Novo Mundo, quando o ponto de partida estava em plena zona dos alísios e da corrente equatorial — acostagens que não impediram a volta. Para citar apenas um caso, um navio, circulando em 1784 no arquipélago das Canárias, foi levado para o alto-mar e chegou em dois dias à Venezuela. Os portugueses, que, de regresso da Guiné, deviam fazer uma grande volta para chegar aos Açores, tiveram certamente um bom número de seus barcos levados para as margens da América. Colombo dizia ter ouvido do rei de Portugal João II que existia na zona do equador uma grande "terra firme".

[4] S.E. Morison renovou a história de Colombo, particularmente nos dois volumes de *Admiral of the Ocean Sea* (Buenos Aires, 1945), que dão, para cada ponto, uma bibliografia exaustiva.

As despesas necessárias ao equipamento das três caravelas pedidas por Colombo foram cobertas sem dificuldade. Santangel emprestou um milhão à Coroa, o genovês forneceu o outro milhão, graças aos empréstimos que lhe concederam compatriotas de Sevilha e o banqueiro Berardi. Antes de deixar a corte, Colombo solicitou credenciais em branco e em três vias, para o Grande Cã ou qualquer outro príncipe das Índias, redigidas em latim. Esse único fato bastava para provar que Colombo queria realmente ir às Índias, ao contrário da opinião dos historiadores hipercríticos, como Harrisse e Vignaud, que afirmam que ele só tinha como objetivo certas ilhas do oceano.

Esses mesmos historiadores, seguidos pelos detratores atuais de Colombo, pensam também diminuir o mérito do genovês, atribuindo um papel de primeiro plano a um certo Martín Alonso Pinzón, durante os meses que precederam o embarque. A controvérsia entre "pinzonistas" e "colombistas" data da morte de Colombo; os descendentes de Martín Pinzón procuraram provar que Colombo fora apenas o chefe nominal de um empreendimento que só se tornara possível graças a Martín, por ocasião do processo entre a corte e os descendentes de Colombo, cujos privilégios hereditários se procurava anular. Daí os interrogatórios dos sobreviventes da expedição e de habitantes de Palos — documentos muito vivos e precisos para reconstituir essa época da vida de nosso herói.

Martín Pinzón era um rico armador de Palos, proprietário de navios de carreira e de comércio, navegador experimentado, tendo participado das guerras contra Portugal e percorrido as costas da Guiné. Sendo um tanto "cosmógrafo", Martín, como muitos outros, se interessava pelos descobrimentos. Seu filho contou mais tarde, durante o processo entre a Corte e os herdeiros de Colombo, esta curiosa história: Martín fora a Roma em 1491. "Um dia, encontrando-se na biblioteca do papa, onde ia freqüentemente ver um servidor do papa, que era um grande cosmógrafo, e punha à sua disposição numerosos manuscritos, começou a falar com ele sobre as terras que ainda não tinham sido descobertas, e disse-lhe por várias vezes que desejava equipar dois navios para ir descobri-las." O bibliotecário lhe teria dado então um documento que descrevia a viagem da rainha de Sabá, primeiramente até a Espanha e, depois da Espanha, a Cipango, "por uma rota marítima muito fácil, que se deve percorrer até os 95 graus de longitude oeste". De volta a Palos, Pinzón teria passado esse texto a Colombo, e o teria estimulado a reatar suas negociações com a Corte.

Essa história não é impossível, ainda que a menção desse périplo fabuloso da rainha de Sabá não se encontre em nenhuma narrativa literária que tenha chegado até nós. Em todo caso, é certo que Pinzón estava interessado na procura de Cipango: isso é evidente pelo relato do diário de bordo que Colombo fez quando de sua expedição comum. Houve pois o encontro feliz de dois homens possuídos por um grande sonho. Mesmo sem o genovês, teria Martín Pinzón equipado duas caravelas e singrado para o oeste misterioso? Teria ele descoberto as Antilhas? Nunca saberemos...

Colombo voltou ao porto de Palos no mês de maio de 1492, munido de uma ordem real: os habitantes de Palos, que, no ano precedente, foram punidos coletivamente em conseqüência de uma expedição de pirataria, eram obrigados a fornecer duas caravelas e sua equipagem a "nosso capitão Cristobal Colón". Os habitantes de Palos eram, sem dúvida, ousados marinheiros. Mas partir com esse estrangeiro para as extensões inexploradas do oceano os apavorava. "Todos os considerariam mortos, ele e aqueles que o acompanhassem", disse uma das testemunhas do processo.

As coisas mudaram quando Pinzón decidiu participar da grande viagem. "Se Martín Alonso não tivesse dado dois navios ao Almirante, este não teria podido fazer sua expedição, pois ninguém o conhecia, e ele não teria encontrado ninguém para acompanhá-lo" (outra testemunha). Esses dois navios eram as caravelas *Pinta* e *Niña*, uma comandada por Martín, outra por seu irmão Vicente. O terceiro navio, a *Santa Maria*, uma nau mais pesada que uma caravela, foi alugada por Colombo a seu proprietário, Juan de la Cosa. Ela se chamava primitivamente *La Gallega*, mas Colombo fez questão de colocá-la sob a proteção da Virgem. O mais difícil era recrutar os homens da tripulação. Segundo uma testemunha do processo, Pinzón reunia os marinheiros e fazia-lhes este discurso: "Venham, amigos! Partam conosco para esta viagem. Veremos casas com telhas de ouro [como na narração de Marco Polo] e seremos ricos e famosos", e lia-lhes o tal documento.

Havia os medrosos e também os céticos, que diziam: "Muitos portugueses partiram à procura de terras no oceano do oeste, mas nunca acharam nada." Nesse ponto, a história se complica e se torna ainda mais romanesca. Apareceu um velho piloto, Pedro Vasquez de la Frontera. Contava ele, a quem o quisesse ouvir, que fizera outrora, em 1452, uma viagem ao Atlântico com o português Diogo de Teive, *para procurar as Índias*; partindo dos Açores para o sudoeste, encontraram bancos de ervas que os detiveram (o mar dos Sargaços), depois singraram para nordeste, esperando atingir a ilha Brasil, e descobriram de passagem a ilha Flores, a mais ocidental das ilhas do arquipélago dos Açores. Os ventos os levaram para o norte até a altura da Irlanda; e então voltaram. O piloto estava convencido de que, se o vento tivesse sido favorável, teriam encontrado terras a Oeste *em linha reta*. "Esse Pedro Vasquez", relatou um habitante de Palos, "dava opiniões a Colombo e a Martín Alonso Pinzón, estimulava as pessoas e dizia-lhes publicamente que fossem todos a essa viagem, pois descobririam uma terra rica; ele dizia isso nas praças públicas."

Acabou-se por reunir uma centena de homens. A maioria era andaluz. Houve também um grupo de bascos, em torno de Juan de la Cosa — estes muito indisciplinados. Havia ainda alguns oficiais reais: um intérprete para o árabe, o grego e o hebraico (esperava-se que o Grande Cã tivesse noções dessas línguas!), Luís de Torres, de origem judaica; um "marechal da frota", Diego de Arana, primo de Beatriz; um notário, Rodrigo de Escobedo; um fiscal real, encarregado de zelar pelo respeito aos direitos financeiros dos soberanos. Em cada navio, um cirurgião. Havia também artesãos: calafates e tanoeiros, indispensáveis à manutenção dos barcos.

Não havia homens de armas (mas canhões: as "bombardas"), nem padres. Colombo não pretendia, desta vez, criar estabelecimentos nas "Índias", desejando explorar o mais possível (levavam-se provisões suficientes para um ano). Mas a preocupação missionária se impôs, logo que entrou em contato com os indígenas. Em caso de perigo de morte, e na ausência de um padre, o costume de uma confissão mútua era admitido e recomendado pela Igreja.

Partiram no dia 3 de agosto. Segundo o hábito, todos os marinheiros se confessaram e comungaram. O dia ia raiar, quando os três navios desceram lentamente o rio Tinto, depois o rio Odiel, em direção ao mar, contornando o promontório dominado pelo monastério de La Rabida, desenrolando todas as suas velas, nas quais grandes cruzes estavam pintadas. A pesada *Santa Maria*, que tinha a capacidade de 100 toneladas, era a "nau capitânia", indo à frente das graciosas *Niña* e *Pinta*. Por várias vezes, tentou-se reconstituir as três gloriosas caravelas — das quais apenas duas merecem esse nome; S. E. Morison afirma que não se têm dados suficientes para fazê-lo com exatidão. É, entretanto, interessante observar a *Santa Maria III*, construída em 1929 por J. Guillén, diretor do Museu Naval de Madri. Isso permite imaginar o gênero de vida que nela levavam o capitão-geral e sua tripulação. A promiscuidade era terrível; todos dormiam no convés. Só Colombo e o "mestre" tinham cabines — no castelo de popa. A monótona vida de bordo era ritmada pelas manobras, que os marinheiros faziam cantando, e também pelas preces, que reuniam os homens várias vezes por dia. Colombo levava um livro de horas, cujo uso aprendera certamente em La Rabida. O lirismo ao qual seu estilo chega tem um tom extremamente bíblico. Lirismo particularmente intenso quando ele está no mar, seu verdadeiro elemento. Em seu exemplar da *Geografia* de Ptolomeu, escreveu estes versículos magníficos: *Mirabiles elationes maris, Mirabilis Dominus in altis.* ("Admiráveis são os impulsos tumultuosos do mar. Admirável é Deus nas profundezas.")

O capitão-geral logo começou a escrever um diário de bordo, que destinou ao rei e à rainha de Castela. Diz ele no prólogo:

Parti na sexta-feira 3 de agosto e dirigi-me para as ilhas Canárias, que pertencem a Vossas Altezas, a fim de lá lançar-me em minha rota e navegar até que atinja as Índias e cumpra a missão que me foi dada por Vossas Altezas junto a esses príncipes, executando assim o que Elas me ordenaram. Assim sendo, resolvi descrever toda essa viagem pontualmente... anotando a cada noite os acontecimentos do dia e a cada dia os acontecimentos da noite. Além disso, proponho-me a fazer um novo mapa de navegação, no qual marcarei a situação de todas as terras do Mar Oceano, com sua posição em relação à rosa-dos-ventos; além disso, representarei num livro, em pintura, toda a latitude desde o equador e toda a longitude desde o Ocidente [essa última promessa não foi cumprida, por falta de conhecimentos técnicos suficientes]. *Para realizar meus desígnios, terei que esquecer o sono.*

Seria apaixonante seguir hora a hora esse relato, que não é um simples levantamento de direções e de distâncias, como sói acontecer nos diários de bordo, mas que abunda em descrições, em julgamentos de ordem científica, geográfica, religiosa. O original desse precioso documento desapareceu; mas Fernando Colombo e Las Casas o tiveram em mãos, e Las Casas o publicou, ora reproduzindo-o integralmente, ora resumindo-o. Utilizou-o também em vários capítulos de sua *História das Índias*. Citaremos apenas seus episódios mais notáveis e mais reveladores da psicologia de nosso herói.

O Novo Mundo

Colombo se dirigiu diretamente às Canárias, possessão da coroa de Castela, para depois *lançar-se em sua rota,* como escreveu no prólogo de seu diário de bordo. De fato, parecia ter em mente uma certa "rota": o 28º paralelo de latitude norte, que sempre seguiu.

Qualquer que fosse a origem dessa opinião, escreveu Las Casas, ele afirmava que, indo diretamente para oeste da ilha de Hierro [a mais ocidental das ilhas do arquipélago das Canárias], ao fim de aproximadamente 750 léguas, encontraria uma terra *(Historia de las Indias,* I, cap. 39).

Colombo tinha a bordo um mapa, no qual, ao que parece (como no globo que Behaim estava construindo), as Canárias estavam situadas na mesma latitude que a ilha de Cipango, esta acompanhada de todo um rosário de ilhas. Ora, explicou S.E. Morison, prático da navegação a vela, "os navegadores 'à estima' sempre tentaram chegar à latitude de seu destino, e depois partir para o objetivo de sua viagem". Além disso, o genovês pudera observar, quando de suas viagens ao largo da África, que as Canárias se encontravam numa zona de ventos do nordeste, e compreendeu as vantagens que oferecia esse arquipélago sobre o dos Açores, situado mais ao norte e numa zona de ventos de oeste, causa dos fracassos das tentativas dos portugueses. Deve-se também acrescentar, no caso de Colombo, o fator sorte: aproveitou ele a melhor estação para a navegação nas zonas atlânticas, e foi levado pelos ventos alísios até 40 graus de longitude.

A flotilha chegou em 12 de agosto ao arquipélago das Canárias. Uma avaria da *Pinta* ocasionou uma parada de alguns dias na ilha da Grande Canária, pausa de que se aproveitou para guarnecer a *Niña* com uma vela quadrada. Depois, as três caravelas chegaram à ilha de La Gomera e ancoraram diante da pequena cidade de San Sebastián. No importante castelo, foram magnificamente acolhidos por Beatriz Peraza, viúva do governador das Canárias, jovem e muito bela, e que não deixou indiferente o capitão-geral, segundo o que contou seu amigo, o genovês Cuneo, que estava presente. Durante as conversas, *muitos espanhóis honrados, vindos da ilha de Ferro, afirmam que a cada ano vêem uma ilha no poente* (diário de bordo).

Em 6 de setembro, celebrou-se missa na igreja da Assunção. Depois, os três barcos partiram. *Em 8 de setembro, às 8 horas da manhã, o vento do nordeste se levantou, e dirigi-me para oeste.* Doravante, Colombo anotou todos os dias a distância percorrida: *Mas decidi marcar menos que a distância real, para que, se a viagem se alongasse, meus homens não se amedrontassem.* As mesmas convenções foram observadas pelo mestre de tripulação e pelos comandantes das duas outras caravelas.

Durante dez dias, euforia. O tempo estava esplêndido, o vento constante. Em 17 de setembro, *acharam que a água do mar estava menos salgada, o ar cada vez mais suave. Todos os marinheiros se alegraram e os navios rivalizavam em quem veria primeiro a terra.* Em 18 de setembro, a *Pinta* tomou a frente, pois *Martín Pinzón vira uma grande quantidade de pássaros dirigir-se para o poente e esperava, naquela noite, ver terra.* No dia 19, Colombo se situou: percorreu, pensou ele, 400 léguas, e acreditou que se encontrava *entre ilhas, mas isso será explorado na volta, sendo meu desígnio prosseguir até as Índias* (diário de bordo). Houve um momento de pânico, quando os pilotos perceberam que a agulha da bússola, em vez de marcar o norte exato, variava de um ponto para o noroeste (fenômeno da "declinação magnética", constatado pela primeira vez); mas Colombo conseguiu tranqüilizar os espíritos, tomando a altura da estrela polar ao alvorecer, num momento em que o desvio é quase nulo.

Depois, viram-se no mar dos Sargaços, e a superfície do oceano transformara-se num grande prado. Felizmente, Colombo e Pinzón tinham sido prevenidos a respeito desse fenômeno por Vasquez de la Frontera e sabiam que deviam prosseguir.

Ventos contrários começaram a soprar. *Meus homens recobraram ânimo,* pois já estavam achando que não poderiam mais retroceder... Depois, o vento caiu,

> *e o mar se elevou sem nenhum vento, o que surpreendeu a todos;... esse mar alto me era muito vantajoso; era um sinal que só apareceu no tempo dos judeus, quando saíram do Egito, guiados por Moisés, que os livrava do cativeiro.*

Começaram a murmurar contra o estrangeiro, "mas, por causa dos prodígios com que Deus o favorecia, abstiveram-se de levantar a mão contra ele", lê-se na *História* de Fernando Colombo.

Martín Pinzón tomou emprestado ao capitão-geral um mapa *no qual estavam pintadas certas ilhas* e afirmou, em 25 de setembro, que deviam estar nas paragens dessas ilhas. Naquele mesmo dia, acreditou ver terra. Infelizmente, era só uma miragem.

A tripulação começou a exasperar-se: três semanas decorridas e nenhuma costa. A inação e a promiscuidade contribuíram para um estado de ânimo perigoso, que se voltou contra o responsável por essa viagem ao desconhecido. Os murmúrios se tornaram ameaçadores. "Mas ele, com um semblante simpático e jovial, os encorajava; logo, dizia, ele, saberiam que ele lhes dissera a verdade" (Las Casas).

Em 3 de outubro, Colombo anotou em seu diário que provavelmente ultrapassou as ilhas marcadas em seu mapa, mas *que não queria navegar à bolina, pois seu objetivo era chegar às Índias.* Em 6 de outubro, Pinzón solicitou que se rumasse para sudoeste, temendo que se tivesse perdido Cipango: as 750 léguas previstas foram, efetivamente, ultrapassadas. No dia 7, Colombo dirigiu o rumo para sudoeste, pois viu bandos de pássaros migradores voarem nessa direção. Ordenou que os navios se agrupassem em torno da *Santa Maria,* de manhã e à noite, *pois esses dois momentos são propícios para ver ao longe* (diário de bordo). Em 10 de outubro:

A tripulação não agüentava mais, queixando-se da viagem demasiado longa. Colombo os reconfortava o melhor possível, dando-lhes boa esperança sobre os lucros que teriam.

O descontentamento quase chega à revolta, principalmente a bordo da nau capitânia, onde se encontravam alguns "desordeiros": os bascos e galegos agrupados em torno do mestre Juan de la Cosa. Entretanto, o motim não se consumou. Colombo mostrou-se muito discreto sobre esse assunto em seu diário. Pode-se ter uma idéia do estado dos ânimos a partir dos depoimentos de velhos marinheiros, no processo de 1512. Pedro de Bilbao: "Vários pilotos e marinheiros queriam voltar. O Almirante lhes pediu que esperassem dois ou três dias, pois dentro desse tempo a descoberta se realizaria." Outra testemunha: "Ouvia os marinheiros dizerem que estavam perdidos." Por ocasião desse famoso processo, os partidários da Coroa e os herdeiros de Pinzón afirmaram que, sem Martín Pinzón, Colombo teria voltado atrás. Os testemunhos se contradizem a esse respeito. Um diz que o capitão da *Pinta* aconselhou ao genovês que fosse enérgico: "Manda enforcar uma meia dúzia deles." Outros alegam ao contrário que só o Almirante não se mostrou derrotista. Francesco Morales: "Juan Niño me contou mais tarde que os mestres dos três navios queriam voltar para a Espanha e solicitaram ao Almirante... Este lhes pediu que aguardassem três ou quatro dias." Oviedo, historiógrafo real, pouco suspeito de querer favorecer Colombo, dá uma versão análoga: "Colombo estimulava a coragem dos ânimos abatidos, especialmente dos três irmãos capitães, e estes concordaram em navegar ainda três dias."

No dia 11 de outubro, os indícios de terra foram numerosos e irrecusáveis: um ramo de árvore com flores, um pedaço de madeira trabalhada, uma prancha etc. No começo da noite, estando a tripulação da *Santa Maria* reunida para o canto do *Salve Regina,* o capitão-geral exortou *a que se faça boa guarda ao castelo de proa e se vigie bem a terra.* Às 22 horas, uma hora antes do nascer da lua, achando-se na popa do navio, Colombo percebeu uma luz, "mas era coisa tão velada que não ousou afirmar que era terra", e só falou disso a duas pessoas. Pouco depois, um marinheiro também viu esse reflexo, de outro lugar do navio, e gritou: "Terra!", ao que o pajem de Colombo retrucou: "Meu patrão já a avistou" (relato de Oviedo). Entretanto, o tiro de bombarda combinado não foi disparado (usava-se de prudência, depois que houvera vários falsos alarmes). Nos dois outros navios, montava-se guarda, também, nessa noite. Duas horas depois da meia-noite, o marinheiro sevilhano Rodrigo de Triana, que subira ao castelo de proa da *Pinta,* "viu uma faixa branca, esbugalhou os olhos, e gritou: 'Terra, terra!' " (testemunho de Garcia Vallejo, no processo). Martín Pinzón ordenou imediatamente que disparassem um tiro de canhão, e Colombo o interpelou: *Senhor Martín Alonso, achastes a terra. Eu vos darei 5.000 maravedis como presente.* Na verdade, o capitão-geral obteve para si mesmo o prêmio real de 10.000 maravedis de renda anual (recebida por Beatriz Arana). Rodrigo de Arana foi reembolsado? Não se sabe. Certamente, um ato de injustiça, mas que se deve não à cupidez, mas a um amor-próprio enraizado em considerações religiosas.

Era conveniente, escreveu mais tarde Las Casas, sempre vendo a história sob o ângulo providencialista, que fosse recompensado aquele que, só ele, conservara uma fé perseverante, aquele que fora o primeiro a ver a luz dessa terra, figura da luz espiritual que ele estava destinado a trazer-lhe.

A terra aparece cada vez mais nitidamente, e a alegria enche os corações. A tripulação da *Santa Maria* corre para o seu capitão. "Uns o abraçam, outros lhe beijam as mãos e pedem-lhe perdão por sua pouca constância" (Oviedo, II, 5). Ao raiar do sol, naquele 12 de outubro de 1492, os navios lançam âncora diante da praia que formava a face oeste da ilhota de Coral Guanahani (ilhas Bahamas). Logo acorreu à faixa arenosa uma multidão de indígenas completamente nus, pintados com diferentes cores. Os três capitães desceram às canoas. Colombo levou a bandeira real de Castela, Martín Pinzón e seu irmão Vicente bandeiras com a cruz verde e as iniciais de Fernando e Isabel.

Saltando em terra, ajoelharam-se, beijaram-na com lágrimas de ação de graças, agradecendo a Deus, que os recompensava após tão longa e estranha viagem, principalmente Colombo, que sempre considerava o sentido dos acontecimentos e via confirmar-se nesse momento toda a amplidão de sua esperança (Las Casas, I, cap. 40).

Levantou-se o capitão-geral e deu à terra miraculosamente descoberta o nome de Salvador: San Salvador, nome que ela conserva até hoje. Durante esse tempo, a marujada e os oficias reais desembarcaram por sua vez. Então, o genovês tomou posse solenemente da ilha, em nome do rei e da rainha de Castela, diante do notário Rodrigo Escobedo; depois, recebeu dos companheiros de viagem, na qualidade de almirante e vice-rei, o juramento de obediência.

Quem poderia exprimir a honra que lhe faziam, o perdão que lhe solicitavam, a obediência que lhe prometiam! Estavam como que fora de si, e ele os beijava com lágrimas e perdoava-lhes, convidando-os a tudo atribuir a Deus (Las Casas, I, cap. 40).

Imagine-se a estupefação mútua que experimentaram indígenas e espanhóis ao defrontarem-se: uns completamente nus, *cabelos lisos, bela estatura, pele da mesma cor que os habitantes das Canárias* (diário de bordo), outros barbudos, pesadamente vestidos. Primeiro, houve um idílio: "Os índios se aproximaram dos cristãos como filhos de seus pais; estavam nus, como suas mães os deram à luz, como se voltassem ao estado de inocência em que viveu nosso pai Adão" (Las Casas, I, cap. 40). Colombo anota em seu diário:

A fim de que esses homens se afeiçoassem a nós (pois eu bem sabia que o amor, mais que a força, os atrairia para nossa santa fé), dei a alguns deles bonés coloridos e colares de vidro, que eles puseram no pescoço, com o que tiveram muito prazer, e nos mostraram muita afeição. Depois disso, vinham a nado até as barcas em que estávamos, e traziam-nos papagaios, novelos de fio de algodão, remos e muitas outras coisas, que trocavam por colares e guizos. Davam de bom grado o que tinham. Aliás, eles me pareceram despojados de tudo... Não carregam armas, nem sabem o que é, pois mostrei-lhes espadas e eles as pegavam pelo fio e se cortavam, por ignorância... Eles logo repetem o que se lhes diz. Creio que facilmente eles se fariam cristãos, pois parece-me que não têm nenhuma seita.

Vemos aí em sua fonte, por assim dizer, a origem do "mito do bom selvagem", que teve tamanho sucesso na literatura européia...

O Almirante (podemos agora usar esse título) compreendeu imediatamente que não se encontrava em Cipango. Com efeito, não havia vestígio, nessa ilha plana, verde e coberta de árvores, de palácios com telhados de ouro. Mas Marco Polo falou das ilhas inumeráveis que cercavam o Japão. *Segundo as esferas e pinturas de mapas-múndi que vi, Cipango está nessa região* (diário de bordo). No dia seguinte à sua chegada, depois de admirar certos produtos da indústria local — pirogas finamente trabalhadas e peças tecidas de algodão —, Colombo pergunta pelo precioso metal:

Estava eu muito atento, e esforçava-me para saber se não havia ouro. Vi alguns homens, que levavam um pequeno pedaço de ouro pendurado no nariz; deram-me a entender, por sinais, que, indo para o sul, chegava-se até um rei que tinha vasos de ouro.

Os barcos levantaram âncora em 14 de outubro, não sem levar sete indígenas, mais ou menos de bom grado, a fim de tranqüilizar seus correligionários das outras ilhas. No diário de Colombo, há esta inquietante frase:

Eu os levarei mais tarde à Espanha, para ensinar-lhes nossa língua. Aliás, Suas Altezas poderiam levá-los todos ou fazê-los todos cativos, pois bastariam cinqüenta homens para obrigá-los a fazerem tudo o que quisermos.

Isso é dito ingenuamente... A primeira ilha encontrada no sudoeste recebeu o nome de Santa-Maria-da-Conceição. Vocábulo revelador da devoção especial de Colombo ao mistério da Imaculada Conceição, muito venerado entre os franciscanos, mas ainda objeto de violentas controvérsias em outras ordens religiosas. Durante quinze dias, o Almirante percorreu o arquipélago das Bahamas. Batizou com os nomes de Fernando e Isabel as duas ilhas seguintes. Não duvidou de que estivesse perto do continente asiático: a palavra *Índias* é incidentalmente pronunciada em 17 de outubro (*Todos esses últimos dias, desde que estou nas Índias, choveu um pouco*). As Antilhas tinham então toda a sua cobertura vegetal que desapareceu depois em grande parte, e esse estado selvagem lhes parecia encantador (primeiro despertar do "sentimento da natureza", ao menos num relato de navegação). No dia 21 de outubro, na ilha Isabela, hoje Crooked, escreveu:

Se as outras ilhas já eram muito belas, esta o é bem mais. Há grandes lagunas, e, a toda volta, a floresta é uma maravilha. As plantas estão como no mês de abril, na Andaluzia; e o canto dos pássaros faz desejar não mais partir; bandos de papagaios escurecem o céu; enfim, existem árvores de mil espécies, cada uma com seu fruto particular, e todos cheiram especialmente bem... Diário de bordo, 21 de outubro: *Vou partir para uma outra grande ilha, que deve ser Cipango, segundo me dizem os índios que levo, que a chamam Colba*

[Cuba], *onde haveria muitos navios... Depois, meu projeto é ir à terra firme e à cidade de Quinsay, para dar ao Grande Cã as cartas de Vossas Altezas e levar sua resposta.*

Em 28 de outubro, as três caravelas abordaram a costa norte de Cuba, que recebeu o nome de Juana, em honra do princípe herdeiro, Juan. O Almirante deve ter experimentado alguma decepção não vendo vestígio do tráfego intenso que esperava; mas continuou a acreditar em seus intérpretes. *Ele pensava compreender* [quantos enormes mal-entendidos resultam do fato de só exprimir-se por gestos!] *que desse lugar à terra firme havia uma distância de dez jornadas.* Não obstante, ele se sentiu bastante desorientado e escreveu, em 29 de outubro, *que deve esforçar-se para ir até o Grande Cã, que pensa estar nessas paragens, ou na cidade de Catai, segundo o que lhe foi dito antes de partir da Espanha.* Em 2 de novembro, para ver mais claro, decidiu-se ele a enviar uma missão ao rei da região. Acreditava realmente que estava na costa asiática, tendo calculado (aliás, erroneamente) ter percorrido 1.142 léguas da ilha de Ferro até as Canárias. Tomou pois, uma das credenciais reais, entregou-a ao intérprete Luis de Torres, que sabia hebraico, árabe e caldeu, e a Rodrigo de Jerez, que conhecia falares africanos, e os fez escoltar por dois indígenas. Mas os mensageiros voltaram de mãos vazias, quatro dias depois, não tendo achado a capital civilizada.

Contaram que caminharam doze léguas até uma aldeia de cinqüenta casas... Todos os tocavam, beijavam-lhes as mãos e os pés, maravilhando-se, acreditando que desceram do céu. Os notáveis os conduziram à casa principal, onde se sentaram em duas poltronas, enquanto os outros se agachavam em volta deles. As mulheres os apalpavam para ver se eram de carne e osso como os outros homens.

No caminho, haviam atravessado campos cultivados, que produziam batatas-doces e milho, então desconhecidos na Europa. E, principalmente, a grande novidade: *Encontraram muitas pessoas, homens e mulheres, que iam para suas aldeias, com um tição aceso na mão, com o qual acendiam ervas, cujas fumaça aspiravam.* Era simplesmente o primeiro uso constatado do tabaco.

Colombo mudou então de objetivo. Seus guias lhes comunicaram, *por gestos,* que no leste-nordeste, na ilha de Babeque, *recolhe-se ouro à noite, à luz das tochas, que depois é transformado em barras, a golpes de martelo* [o que aliás, é inteiramente falso...]. entretanto, ele não se apressou e percorreu a costa de Cuba em direção ao leste, desejoso de conhecer suas riquezas em especiarias, de reconhecer os lugares favoráveis a futuros estabelecimentos cristãos e de preparar o terreno para a evangelização que deseja...

Tenho como certo que, se homens religiosos e devotos conhecessem sua língua, eles se fariam todos, imediatamente, cristãos. Espero que Vossas Altezas se dediquem com grande diligência a fim de dar à Igreja tão grandes povos e de convertê-los.

Colombo persuade alguns deles a acompanhá-lo:

Assim, aprenderão nossa língua e adotarão nossos costumes e as coisas da Fé; pois vejo que essas pessoas não têm nenhuma seita e não são idólatras, mas muito gentis e nada sabem de mal, seja matar ou capturar; são tão medrosos que um só dos nossos, para divertir-se, pode fazer fugir cem deles. Sabem que há um Deus no céu e estão persuadidos de que viemos do céu. Cada prece que recitamos, eles a repetem, e fazem o sinal-da-cruz.

Em 14 de novembro, ancoragem em uma baía semeada de ilhas, à qual o Almirante dá o nome de mar Nossa Senhora, hoje Tanamo. *Maravilhou-se ao ver tantas ilhas e tão altas... Ele crê*, escreveu ele, *que essas são as ilhas inumeráveis, marcadas nos mapas-múndi na extremidade do Oriente, e que elas encerram grandes riquezas em pedras preciosas e especiarias.* Colombo deteve-se para mandar fazer uma grande cruz com duas pranchas e colocá-la à entrada da baía, *num belo lugar bem descoberto, no alto, de onde a vista é muito bela.*

No dia 19 de novembro, Colombo partiu para o norte, na direção presumida de Babeque, mas depois mudou de rumo, acreditando ter avistado duas ilhas, mas era uma miragem. Martín Pinzón e sua *Pinta* aproveitaram-se do fato, em 22 de novembro, para abandonar a pequena frota, o que o Almirante considerou uma traição. As duas caravelas restantes continuaram a bordejar ao longo de Cuba e aproximavam-se agora do Haiti, para grande terror dos indígenas a bordo: *Diziam eles que os habitantes dessa ilha tinham um só olho na fronte e que havia outros, que chamavam Canibais... Nem podiam falar, tamanho era o medo que tinham de ser comidos.* (Na verdade eles se enganavam , pois os ferozes caraíbas viviam mais ao sul, nas Pequenas Antilhas). A consonância *Caniba* lembrou a de *Grande Cã* ao Almirante, sempre possuído por sua idéia fixa. Sendo os indígenas *muito covardes e desprovidos de armas,* Colombo supôs que os homens do Grande Cã fizessem incursões em seu território, mas, quanto a comer carne humana, isso lhe parecia uma fábula: já que esses seres usavam armas, *são seres dotados de razão* (diário de bordo, 23 de novembro). Curiosa dedução...

Em 28 de novembro, novo porto, onde ficaram alguns dias, em razão do mau tempo:

Era coisa maravilhosa ver os bosques, sua frescura, a água muito clara, os pássaros e a beleza de tudo isso, de modo que parecia que ele nunca mais poderia sair de lá. Dizia àqueles que o acompanhavam que, para relatar tudo isso aos Reis, teria necessidade de mil línguas.

O Almirante sonhava com a colonização:

Vossas Altezas poderão fazer edificar aqui uma cidade. As águas são boas e sãs, e não como na Guiné, onde são pestilenciais: nenhum de meus homens teve dor de cabeça nem nenhuma doença... Poderia haver nessas regiões um lugar de comércio para toda a Cristandade, e principalmente para a Espanha, a quem tudo deve ser sujeitado. Só bons católicos cristãos [isto é, com exclusão dos *conversos*] *devem poder estabelecer-se aqui, pois o objetivo inicial da empresa sempre foi o crescimento e a glória da religião cristã.*

Em 4 de dezembro, o Almirante se decidiu a deixar Cuba, que não sabia ainda se era uma ilha ou a "terra firme", e a singrar para Babeque. Mas o vento não se mostrava favorável às caravelas e as levou para as margens do vizinho Haiti. Era o dia 5 de dezembro, e ele batizou com o nome de São Nicolau, cuja festa caía no dia seguinte, a baía ocidental da ilha, onde lançou âncora. Esse foi um dos raros nomes que persistiu na nomenclatura moderna. Colombo se sentia cada vez mais fascinado. Em 6 de dezembro acostou num porto a que deu nome de Concepción (a festa da Conceição da Virgem era no dia seguinte).

Lançou âncora num rio, não muito grande, que banhava planícies e campos de maravilhosa beleza. Um cadoz saltou para o barco, exatamente semelhante aos da Espanha; ora, ele nunca vira peixes da mesma espécie dos de Castela. Avançou um pouco na terra, que é toda cultivada, e ouviu cantar o rouxinol e outros pássaros análogos aos de Castela. Achou mirta e outras árvores semelhantes às de Castela.

O Almirante teve certamente o pressentimento de que essa ilha viria a ter um grande papel em seu destino. Por causa de todas essas semelhanças com a Espanha, batizou-a com o nome de Hispaniola.

Contornou ele depois a ponta oeste, sempre com a esperança de chegar a Babeque.

Continuou-se a falar dos terríveis canibais. Em 10 de dezembro:

Volto a dizer, como já fiz outras vezes, que Caniba não é outra coisa senão a população do Grande Cã, que deve se encontrar perto daqui; deve haver navios que vêm capturar esses homens; como os cativos não voltam, supõem que foram comidos.

Erige-se uma grande cruz na extremidade do promontório, *como sinal de que Vossas Altezas são possuidores destas terras e principalmente como sinal de Jesus Cristo Nosso Senhor, e para honra da Cristandade.* Navega-se agora ao longo da costa norte do Haiti, de oeste para leste. O único mapa autêntico de Colombo que foi conservado representa justamente uma porção desse litoral — de um traçado muito firme e mais próximo da verdade que o que fará Juan de la Cosa, o famoso cosmógrafo... Desceu-se freqüentemente em terra, e as relações com os indígenas tornaram-se excelentes, desde que uma *mulher muito jovem e muito bela* veio a bordo, e que Colombo a devolveu, *muito honrosamente segundo o seu costume,* depois de ter-lhe dado um colar de contas de vidro, anéis de latão e tê-la feito vestir. Em 15 de dezembro, ancoragem na foz de um rio; o lugar era tão belo que Colombo o chamou de Vale do Paraíso: *Nunca vi coisa mais bela.* No dia seguinte, conversação com um rei inteiramente nu, que veio à praia: *Enviei-lhe um presente, que recebeu com muita dignidade. Parecia ter 21 anos, e estava acompanhado de um preceptor e de outros conselheiros.* Os homens de sua corte possuíam pequenos pedaços de ouro em folha, que não hesitavam em trocar por outra coisa. *Que Vossas Altezas saibam,* escreveu Colombo, *que essa ilha Espanhola lhes pertence tanto quanto Castela; só falta construir um estabelecimento... Esses homens se prestam a ser comandados, para que semeiem, construam cidades, aprendam a vestir-se e a adotar nossos costumes:* programa de colonização ingenuamente exposto, mas que não implicava nenhum desejo de prejudicar os indígenas; o que pode haver de melhor para eles, do que ter acesso à civilização dos cristãos?...

O Almirante continuou a bordejar. Em 18 de dezembro, lançou âncora num porto que batizou de Nossa Senhora do Ó. Era o nome da festa do dia, também chamada "Expectação da Santa Virgem". O jovem rei, a quem Colombo deu pela primeira vez o nome local de *cacique,* foi ao barco do Almirante. As bandeiras estavam içadas em honra da festa, e dispararam-se tiros de bombarda. A cena, descrita no diário de bordo, é pitoresca:

Mais de duzentos homens cercavam o rei; quatro deles o carregavam sobre um andor. Enquanto eu fazia uma refeição no castelo de popa, ele entrou, veio rapidamente sentar-se ao meu lado, sem permitir que eu me levantasse. Pensei que lhe agradaria provar de nossa comida, e mandei que a trouxessem para ele. Fez sinal com a mão a seus súditos para que ficassem fora da cabine, o que fizeram, agachando-se no convés, salvo dois homens de idade madura, que pensei serem seu conselheiro e seu preceptor, e que vieram sentar-se a seus pés. Experimentou ele a comida que lhe ofereci, depois a mandou para os seus; do mesmo modo a bebida, que apenas levou aos lábios. Tudo isso com uma maravilhosa dignidade e muito poucas palavras; seus dois conselheiros tinham os olhos fixos nele e falavam por ele e com ele muito respeitosamente. Após a refeição, seu escudeiro trouxe um cinto, que ele meu deu, assim como dois pedaços de ouro trabalhado, muito finos, pois pareceu-me que eles o têm em pouca quantidade aqui. Vi que uma colcha sobre meu leito lhe agradava muito; dei-a a ele, assim como alguns fios de belo âmbar que eu trazia no pescoço, borzeguins vermelhos e um frasco de água de flor de laranjeira. Ficou ele extremamente contente... Mandei buscar uma moeda de ouro excelente, onde estão gravadas as efígies de Vossas Altezas; mostrei-a a ele, expliquei-lhe que Vossas Altezas são donos da melhor parte do mundo, e que não existem maiores príncipes. Mostrei-lhe as bandeiras reais e as que levam a cruz, o que muito o impressionou. "Quão poderosos príncipes devem ser Vossas Altezas, dizia ele, para ter enviado sem medo [seu almirante] *de tão longe, do próprio céu!"*

Dia 20 de dezembro, vigília de São Tomé; ancoragem no "Porto São Tomé".

Avistava-se um vale muito grande, todo cercado de altas montanhas, que pareciam tocar o céu; não há nenhuma dúvida de que não existem aqui montanhas mais altas que as da ilha de Tenerife, nas Canárias, que é tida como uma das mais altas que se possa ver.

O genovês temeu que seu entusiasmo fosse considerado exagero. Afirmou então solenemente:

Percorri o mar durante 23 anos... Vi o levante e o poente para os lados do setentrião: estive na Guiné. Mas em todas essas regiões, não se acham em lugar algum portos tão perfeitos... Este porto ultrapassa todos os outros e poderia abrigar todos os navios do mundo, e a mais velha corda de um navio bastaria para mantê-lo nas amarras, sem nenhum perigo.

Acolhida igualmente comovedora, de parte dos indígenas:

Eles nos trazem pão de inhame, oferecem-nos água em cabaças e moringas de terra, com a mesma forma que as de Castela... E que não se diga que eles dão liberalmente o que tem pouco valor, pois dão pedaços de ouro tão generosamente quanto uma cabaça de água; é fácil reconhecer quando uma coisa é dada de coração.

Um mensageiro se apresentou ao Almirante, enviado pelo *senhor de toda essa terra* (esse famoso Guacanagari, que será tão devotado aos espanhóis) e lhe trouxe um presente precioso: *um cinto, que, em lugar de bolsa, tinha uma máscara com grandes orelhas de ouro martelado.* O Almirante aceitou o convite para ir até o cacique. Esperando que o vento propiciasse a partida, houve uma extraordinária afluência em torno das duas caravelas: mais de mil canoas, cada indígena trazendo o seu presente, muitas vezes pequenos pedaços de ouro. O genovês pressentiu que se aproximava enfim de uma região onde se extraía o precioso metal. *Que, em sua bondade, Nosso Senhor faça com que eu ache essa mina de ouro!*, escreveu ele com a emoção bem compreensível de um homem que esperava esse momento há mais de dois meses... Em 24 de dezembro, um indígena enumerou para ele os lugares de onde se retirava o ouro e pronunciou o nome de *Cibao*, e logo a analogia se fez no espírito do Descobridor: *Cibao* é *Cipango*!

O Natal se aproximou e o coração do Almirante estava alegre. Esse mesmo dia foi marcado pelo mais imprevisto dos naufrágios, em que Colombo logo viu um acontecimento providencial, tal necessidade tinha ele de reconhecer em tudo o que lhe sucedesse a intervenção de Deus. Na noite de 24 de dezembro, as duas caravelas estavam no mar, contornando um cabo, para chegar à baía vizinha, onde Guacanagari os esperava. Nos dois dias precedentes, ninguém pôde dormir a bordo, por causa das visitas dos indígenas. Quando soou o quarto noturno de 11 horas, Colombo, contra seu hábito, se retirou para sua cabine a fim de dormir. O mar estava calmo como óleo. Juan de la Cosa, mestre do navio, que comandava a equipe de quarto, pensou que sua presença não era necessária e também foi para a sua cabine. O timoneiro aproveitou-se disso e entregou o leme a um simples grumete. Por volta da meia-noite o grumete, que não via nada, nem estava sendo dirigido por um piloto, sentiu o leme da *Santa Maria* tocar o fundo: o navio encalhou suavemente, pela proa, num recife de coral... O grumete pediu ajuda. O Almirante ordenou ao mestre e a um pequeno grupo que jogassem uma âncora à popa, a fim de tentar soltar a embarcação. Em vez disso Juan de la Cosa partiu, com a chalupa, *para salvar sua vida*, e foi até a *Niña*, que, felizmente, logo acudiu e mandou sua própria chalupa recolher os homens da *Santa Maria*. Uma outra chalupa foi à margem para informar Guacanagari do desastre. As canoas indígenas se precipitaram e descarregaram o navio encalhado, com ordem e diligências admiráveis, *sem faltar uma agulha. O rei e seu povo choram copiosamente*, escreveu o Almirante com ternura. *São pessoas amáveis, sem cobiça. Amam seu próximo como a si mesmas. Têm uma fala doce, e sempre sorriem... São desprovidos de inveja quanto ao que pertence a outrem, especialmente esse rei virtuoso.*

Para consolar os cristãos, os indígenas trouxeram-lhes pedaços de ouro; depois Guacanagari ofereceu uma refeição a seus honrados visitantes:

Inhame, camarões, caça, pão, que chamam "cassave"... Ele trazia uma camisa e luvas que o almirante lhe dera, e, mais do que tudo, as luvas o faziam feliz... Por seu modo de comer, com sua dignidade e suas maneiras educadas e limpas, via-se que era de boa raça. Após a refeição, trazem ervas, com as quais limpamos as mãos.

O genovês também ofereceu uma festa: mandou um de seus hábeis atiradores lançar flechas e pôs em ação a bombarda e um bacamarte. Recebeu um belo presente: uma máscara de ouro e jóias, que logo colocou na cabeça e no peito. Esse dia de Natal terminou, pois, sob excelentes auspícios. Colombo tomou a resolução de fundar um estabelecimento nessa costa hospitaleira: não lhe era possível levar a todos na única caravela subsistente. *Tantas coisas se reuniram para isso,* escreveu ele,

que foi verdadeiramente não um desastre, mas uma grande felicidade. Se eu não tivesse encalhado aqui, não teria instalado a fortaleza... Deixarei pois aqui muitas pessoas que muito desejam, para o serviço de Vossas Altezas, descobrir a mina de onde se extrai o ouro. Assim, tudo aconteceu bem a propósito. O mais notável é que, quando o navio encalhou, foi tão suavemente que não sentimos... e não havia nem vagas nem ventos [ainda um "sinal" como o mar alto sem *nenhum vento* da viagem de ida...]. *Quando eu voltar aqui,* continuou ele, *meus homens terão podido recolher um total de ouro e especiarias, de modo que, daqui a três anos, Vossas Altezas poderão empreender a reconquista da Santa Casa de Jerusalém.*

Todos se entusiasmaram, e uns trinta homens se dispuseram a ficar no lugar. Um ano mais tarde, não se encontrou um único sobrevivente... Construiu-se rapidamente um fortim, que tomou o nome de La Navidad, em memória daquele Natal. A pequena guarnição dispôs de armas, de provisões para um ano e da chalupa, para fazer explorações. Foi comandada por Diego de Arana, primo de Beatriz.

As relações com os indígenas permaneceram excelentes. Cinco "reis" vassalos de Guacanagari vieram visitar os cristãos.

Um deles tirou a coroa da cabeça e pousou-a sobre a do Almirante; este retirou então do pescoço um colar de belas contas coloridas, de bonito feitio, e o pôs no pescoço do rei. Depois despiu um manto de fino pano escarlate e entregou-o a ele; enfim deu-lhe um anel de prata.

Em 2 de janeiro de 1493, Colombo embarcou com a metade de seus homens e se despediu dos indígenas, não sem antes mandar os marinheiros, equipados para combate, simularem uma escaramuça, *a fim de inspirar-lhes um temor que os contivesse.* Deixaram a pequena guarnição em La Navidad sem maus pressentimentos.

Em 6 de janeiro, um feliz acontecimento. *A Pinta* reapareceu no horizonte, e Martín Pinzón não tardou a subir a bordo da *Niña* para desculpar-se com o Almirante por sua longa defecção. *Mas suas razões eram completamente falsas,* escreveu Colombo. *Quando se separou de mim, foi unicamente por soberba e cobiça,* a fim de aproveitar a maior rapidez de seu barco e ser o primeiro a apoderar-se do ouro de Babeque. *Dissimulei meu descontentamento,* continuou ele, *para não favorecer Satã, que, desde o início, tentara impedir esta viagem.* Agora, o genovês só pensava em voltar o mais rapidamente possível, para participar aos soberanos sua descoberta. A costa do Haiti era ainda muito longa para leste, mas ele não se deteve. Em 13 de janeiro, houve um encontro, que poderia ter sido desagradável: sete homens enviados à terra para conseguirem algumas provisões viram, por trás das árvores, uns cinqüenta indígenas nus, de cabelos compridos, com o rosto pintado de preto, todos armados de arco e flecha. Era a primeira vez que se encontravam com indígenas armados, e estes pareciam preparados para o combate. Os cristãos não se deixaram desconcertar. Um deles deu uma facada num indígena, e os selvagens debandaram. O piloto lhes proibiu persegui-los e matá-los. *Fiquei por um lado contente e por outro contrariado,* escreveu Colombo, *pois teria sido bom inspirar-lhes temor, principalmente se nossos homens de La Navidad viessem um dia até aqui.* Pensou ele que se tratava dos terríveis Caniba ou caraíbas, dos quais tanto se falou.

As caravelas singraram depois para uma misteriosa ilha das Mulheres (Martinica), que os indígenas afirmavam ser povoada apenas por mulheres e estar próxima de uma ilha povoada por homens. Colombo teria desejado verificar a realidade dessa história, que coincidia exatamente com relato de Marco Polo sobre as ilhas Feminea e Masculina do oceano Índico. Mas o vento empurrava as caravelas para o nordeste, direção mais favorável para empreender a travessia de volta. Só lhes restava lançar-se ao oceano, *entregando-se inteiramente a Deus.*

Durante três semanas, tudo correu bem. Colombo aproveitou esse tempo para redigir um relatório — que se tornou célebre — sobre o sucesso de seu empreendimento.

A pequena frota ganhou uma latitude muito mais setentrional do que na ida, na altura das Bermudas, onde aproveitou os ventos de oeste. Em 10 de fevereiro, encontrava-se ela na altura dos Açores. No dia 12, uma tempestade, como é freqüente nessa estação do ano, nessas paragens, começou a armar-se. Em 14 de fevereiro:

Nessa noite, o vento aumentou e as vagas eram pavorosas, entrechocando-se e imobilizando a Niña *em seu tumulto. Coloquei o joanete muito baixo, e prossegui assim durante três horas e vinte milhas. Depois deixei correr a caravela na popa, onde o vento empurrava. A* Pinta *começou também a correr,* *e a perdemos de vista durante a noite. Ao alvorecer, o vento se fez ainda mais violento, e o mar terrível. Dispus o joanete em árvore seca* de tal modo que o navio não fosse submergido.*

Por três vezes, sortearam-se voluntários para fazer peregrinações, caso escapassem. Na primeira e na terceira vez, Colombo foi sorteado. Além disso, todos se comprometeram, logo na primeira terra a que chegassem, a ir humildemente vestidos à igreja mais próxima para agradecer a Nossa Senhora.

"O Almirante escreve nessa passagem [diz Las Casas, que tem sob os olhos o diário de bordo] as razões que o faziam temer que Nosso Senhor quissesse fazê-lo perecer, e aquelas que o faziam esperar, ao contrário, que Deus o salvaria. Desejava tanto levar aos Reis as notícias de sua descoberta e mostrar que não se enganara, que temia não consegui-lo, pois, escreve ele, "o menor mosquito pode me perturbar". [Essa sensibilidade nervosa é interessante]. Atribui esse sentimento à sua pouca fé na Divina Providência. Mas, por outro lado, lembrando as graças recebidas, e como Deus havia satisfeito todos os seus desejos após tantas adversidades suportadas em Castela, sentia-se reconfortado. Se Deus o havia atendido quando Lhe confiara seu desígnio, devia acreditar que Ele acabaria o que havia começado. Além do mais, Deus o ajudara na viagem de ida, enquanto todos queriam levantar-se contra ele, e dera-lhe a coragem de resistir; muitas coisas maravilhosas foram manifestadas nele e por ele nessa viagem, sem falar daquelas que Suas Altezas já conheciam."

Mas minha fraqueza e minha angústia eram tais, escreveu o Almirante, *que minha alma não conseguia tranqüilizar-se.* Pensava também em seus dois filhos, deixados em terra estrangeira. Temendo perecer sem que a notícia chegasse ao mundo, redigiu então, sobre pergaminho, um breve relato da sua viagem e da rota seguida:

Essa narração, selada e assinada, eu a destino a Vossas Altezas, com a promessa de mil ducados àquele que a apresentar fechada a Vós; assim, se estranhos a acharem, não poderão dispor das informações que estão no interior.

O pergaminho foi envolvido num pedaço de tecido encerado, e depois fechado num barril e entregue às ondas. Nunca mais se ouviu falar dele...

* Isto é: sem utilizar a vela denominada joanete. (NT)

Em 16 de fevereiro, o vento se acalmou um pouco. *Na hora do Salve, viu-se a luz de uma terra... Nessa noite, o Almirante repousou um pouco, pois não dormia há quatro dias; e suas pernas o faziam sofrer porque estivera no frio e na água e quase não comera.* Daí a artrite que tanto o atormentaria. No dia 18, ao raiar do sol, chegaram à ilha Santa Maria, uma dos Açores, possessão portuguesa.

Colombo ainda não chegara ao fim de seus sofrimentos. No dia seguinte, ao alvorecer, seu primeiro pensamento foi cumprir a promessa feita a Deus em pleno perigo. Mandou metade de sua tripulação à pequena capela que se via não longe, sobre um promontório; quando voltaram, ele próprio tomou o mesmo caminho com o resto de seus homens. Às 11 horas da manhã, ninguém voltara ainda: o capitão da ilha se apoderara daqueles homens desarmados, para usá-los como reféns contra a caravela espanhola, que ele supunha estar voltando das regiões da Guiné, exclusivamente reservadas aos portugueses. Pouco depois, acompanhado de homens armados, foi de barco até a *Niña,* mas recusou-se a subir a bordo. Por cima dos filaretes, Colombo lhe mostrou as credenciais dos soberanos de Castela, e exigiu que lhe devolvessem seus homens. "O rei e a rainha de Castela não me fazem medo", replicou o capitão com insolência. Colombo ficou "muito perturbado, perguntando-se se uma nova guerra não teria estourado entre Espanha e Portugal; mas não pôde impedir-se de dizer-lhe tudo o que pensava" (temperamento colérico, de que daremos outras provas). Os dois homens se separaram com ameaças mútuas; mas, três dias depois, a situação se resolveu, e os homens capturados foram libertados e devolvidos para bordo.

Colombo não se deteve nessas paragens pouco hospitaleiras, onde já perdera muito tempo. A *Pinta* desapareceu na tempestade, mas pode-se supor que tenha sido levada às costas da Espanha e transmitido primeiro a notícia da descoberta das "Índias", o que efetivamente aconteceu. A *Niña* se dirigiu para o cabo de São Vicente; mas uma nova tempestade colheu-a e rasgou duas de suas velas. Na noite de 3 para 4 de março, à luz do luar, uma terra estava à vista. *O mar levantava a caravela nos ares, e os raios brilhavam por todos os lados. Esperamos o dia no meio de um sofrimento e uma angústia infinitos.* A terra era o rochedo de Cintra, próximo de Lisboa. A *Niña* foi ancorar-se no interior do estuário do Tejo, no porto de Lisboa.

Eis então Colombo em poder do rei de Portugal, que residia, no momento, a nove léguas dali. Seu primeiro cuidado foi escrever-lhe para tentar desarmar sua má vontade. *Disse-lhe que eu recebera instruções dos Reis de Castela para não deixar de entrar num porto português e pedir aquilo de que necessitasse, contra pagamento. Meu objetivo era, principalmente, informá-lo de que eu voltava, não da Guiné, mas das Índias.*

Nesse mesmo dia, acrescentou um *post-scriptum* ao seu relatório a Fernando e Isabel: *Após escrever isso e entrar no mar de Castela, uma tempestade me forçou a acostar até hoje neste porto de Lisboa... Todos aqui concordam em dizer que nunca houve inverno tão rigoroso, nem tantos barcos perdidos.*

Ancorado ao lado da pequena caravela, de aspecto lamentável com suas velas rasgadas, achava-se um soberbo navio português, provido de uma impressionante artilharia. O "mestre" do navio, Bartolomeu Dias (simplesmente homônimo do descobridor do cabo da Boa Esperança), exigiu que o capitão daquele veleiro estrangeiro viesse a bordo do seu barco mostrar-lhe seus papéis. Imediatamente o genovês se irritou com essa soberba que já encontrara no governador da ilha Santa Maria.

> *Respondeu que era o almirante dos Reis de Castela, e não prestava contas a ninguém... e que era costume dos almirantes de Castela preferir morrer a render-se ou a render seus homens. O "mestre" se acalmou e disse que, se tal era sua vontade, assim seria feito, mas pediu-lhe para ver as cartas dos Reis de Castela. O Almirante consentiu.*

E assim, o "mestre" e o capitão do navio vieram fazer-lhes uma visita de cortesia, ao som das trombetas e dos clarinetes...

Durante três dias, foi uma festa contínua a bordo, pois os habitantes de Lisboa acorreram boquiabertos para ver os indígenas — esses pobres indígenas nus, que, mais que os outros, foram maltratados pelas intempéries. *Todos davam graças infinitas a Nosso Senhor, por tal acréscimo à Cristandade.* Assim, a um amável convite de João II, foi à residência real, *ainda que a contragosto.*

Em seu diário de bordo, Colombo foi muito sucinto quanto à recepção que lhe fizeram. Só mostrou o lado bom: a honra que lhe concederam, pedindo-lhe que se sentasse; o rosto *gentil* do rei, *manifestando grande prazer em que essa viagem tenha terminado bem.* As palavras de João II mostraram-se, no entanto, inquietantes para o futuro: afirmou ele que tudo o que fora descoberto lhe pertencia em virtude do tratado de paz com os Reis de Castela. A zona de influência que lhe estava reservada nas costas da África compreendia, segundo ele, também o Mar Oceano que as banhava a oeste. Assim como o rei português, o genovês também soube conservar o sangue-frio: executou estritamente as ordens de seus patrões, abstendo-se de ir à Guiné, afirmou ele. Las Casas deu mais detalhes (I, cap. 74), corroborados pelo cronista oficial português Rui de Pina. Descreveu ele o efeito produzido em João II pelos indígenas, que o Almirante lhe apresentara (e que, com favas, desenharam o mapa do arquipélago das Antilhas); a cólera do monarca ao tomar conhecimento das terras que lhe haviam escapado; o projeto, que lhe sugeriram, de mandar assassinar o genovês, com o que ele não concordou. "Tudo isso, o Almirante cala em seu diário, porque eram coisas a serem contadas particularmente, quando estivesse na presença dos Reis" (Las Casas).

Depois Colombo chegou a Lisboa. A *Niña,* que se achava agora em condições de retomar viagem, levantou âncora em 13 de março; no dia 14, ao meio-dia, transpôs a barra de Saltes com a maré baixa cheia e chegou ao porto de Palos, de onde partira no 3 de agosto precedente.

Colombo pôde então desfrutar de seis meses de grande glória.
Uma primeira circunstância feliz, se assim se pode dizer, apresentou-se a ele: Martín Pinzón, o possível concorrente, saíra de cena. Levada pela tempestade, a *Pinta* chegara, não aos Açores, como a *Niña,* mas às costas da Galícia; dali, Pinzón escrevera aos Reis, e depois, com sua ordem, encaminhara-se para Palos, onde chegou, coisa curiosa, no mesmo dia que Colombo, algumas horas depois. Extenuado pelas semanas de intempéries que sofrera, ressentido com o triunfo do seu rival, Martín se recolheu ao leito logo que chegou à sua cidade natal. Morreu um mês depois.

Fernando e Isabel já haviam recebido a carta mandada por Colombo de Portugal. Seus termos suscitaram entusiasmo:

Em setenta dias, cheguei às Índias e lá achei numerosas ilhas, das quais tomei posse, em nome de Suas Altezas, sem encontrar nenhuma oposição. A primeira, chamei-a San Salvador, em honra da Divina Majestade que me concedeu tudo isso por milagre... Os habitantes de todas as ilhas que vi vivem completamente nus, homens e mulheres. Não conhecem o ferro e não têm armas; são bem constituídos e de boa estatura, mas extraordinariamente temerosos; freqüentemente, acontecia-me enviar dois ou três homens à terra para tentar uma aproximação; ainda que muito numerosos, logo fugiam, entretanto não lhes fizemos nenhum mal. Mas, logo que o medo os deixa, mostram-se de uma simplicidade e de uma liberalidade inacreditáveis. O que quer que se lhes peça, nunca o recusam, e mostram-se contentes com tudo o que se lhes oferece... Dei-lhes muitas coisas bonitas, para que se afeiçoassem a nós; serão assim atraídos a fazer-se cristãos e inclinados ao amor e ao serviço de Suas Altezas; darão de boa vontade o que possuem em abundância. Não têm nenhuma seita ou idolatria; acreditam apenas que o poder e o bem residem no céu; crêem firmemente que eu e meus homens viemos do céu com nossos navios. Isso porque nunca viram homens vestidos nem navios semelhantes... Na primeira ilha a que cheguei, tomei alguns habitantes para que me informassem sobre o lugar. Onde quer que eu chegasse eles anunciavam: "Venham ver os habitantes do céu." E todo acorriam, homens e mulheres, e até os mais pequenos, cada um trazendo alguma coisa de comer e de beber, que nos davam com maravilhosa expressão de afeição... Em todas essas ilhas, não constatei quase nenhuma diversidade nos costumes e na língua; e eles se compreendem, coisa singular, que, espero, incitará Suas Altezas a empreender sua conversão à fé cristã... Parece-me que, em todas essas ilhas, os homens não têm mais que uma mulher, salvo o rei que tem até vinte delas. As mulheres trabalham mais que os homens. Parece que não têm bens individuais, mas põem tudo em comum. Ainda não encontrei homens monstruosos, como muitos pensavam. São pessoas de bela estatura; não são negros como na Guiné. Entretanto, ouvi dizer que há uma ilha povoada de homens muito ferozes, que comem carne humana. Mas não são mais disformes que os outros; simplesmente usam cabelos longos como as mulheres e servem-se de arcos e flechas, feitas com uma ponta de junco... Na Ilha Espanhola, há ouro em abundância, os índios que trago podem testemunhá-lo... e também especiarias, algodão, mástique dessa espécie que se encontra na Grécia e na ilha de Quio; madeira de aloés; também escravos, que se poderá prender, entre os idólatras; creio também ter achado ruibarbo e canela... Tudo isso é certo. Deus Nosso Senhor me deu a vitória, como a todos aqueles que seguem Seus caminhos, nessa empresa que parecia impossível. Ainda que outros tenham falado dessas terras, era sempre por conjecturas, sem tê-las visto; assim, os que ouviam falar desse assunto, o consideravam uma fábula... Assim, Nosso Redentor fez triunfarem nossos ilustres rei e rainha, pelo que toda a Cristandade deve se alegrar e render graças à Santa Trindade, em consideração de tantos povos que serão conduzidos à fé cristã.

Essa epístola, conhecida sob o nome de *carta a Santangel,* devia ser substancialmente semelhante ao relatório dirigido ao mesmo tempo aos Reis, e que não chegou até nós. Foi publicada em Barcelona ao 1º de abril, depois traduzida para o latim — o que lhe dava uma audiência internacional — por um catalão ligado à corte do papa Alexandre VI: primeira edição que foi publicada em Roma logo no início de maio de 1493, e foi depois reproduzida muitas vezes. Era preciso, efetivamente, precaver-se rapidamente contras as possíveis reclamações de Portugal.

Colombo escreveu de novo aos soberanos assim que voltou a Palos. A resposta real, datada de 30 de março, lhe deu pela primeira vez os títulos gloriosos de Almirante do Mar Oceano, Vice-Rei e Governador; ela lhe ordenou que fosse imediatamente à Corte e começasse, desde já, os preparativos para uma nova viagem. Colombo redigiu logo um projeto de colonização: construção de cidades no Novo Mundo, envio de padres para a evangelização dos índios, fiscais para a coleta do ouro. Esse documento é o primeiro onde se viu a sigla misteriosa, que os pesquisadores foram incapazes de decifrar:

.S.
.S.A.S.
XMY

seguida da assinatura *XPo Ferens ("Christo Ferens")*, o *Portador de Cristo,* paráfrase de seu primeiro nome.

Colombo estava pois em Sevilha, com alguns dos homens da tripulação e os dez índios transplantados de suas ilhas longínquas, grande atração para os habitantes. Bartolomeu de Las Casas, então uma criança, lembrava-se de ter visto essa tropa pitoresca que morava "perto do arco dito das Imagens, em São Nicolau", e das festas extraordinárias que foram dadas, "semelhantes às festas do Corpo de Deus, inesquecíveis pela novidade e pela solenidade".

O Descobridor não pôde deter-se. Passou por Córdoba, lá encontrando Beatriz Arana e seus dois filhos, que deixara com ela, e encaminhou-se para Barcelona, com uma pequena escolta real de cavaleiros e sete de seus indígenas, que levavam papagaios de cores brilhantes e os mais belos presentes, devidos à generosidade dos caciques.

A recepção na Corte foi grandiosa. "As ruas não podiam conter todos os que vieram; todos se admiravam a ver essa venerável pessoa que dizia ter descoberto um novo mundo, visto os indígenas, os papagaios, tantos objetos, jóias de ouro, coisas de que nunca se ouvira falar... O Almirante entrou na sala onde se encontravam os Reis, o príncipe João e uma grande multidão de cavaleiros e fidalgos. No meio dessa nobre assembléia, seu talhe alto, seu porte imponente, seu rosto venerável coroado de cabelos grisalhos, seu sorriso modesto davam-lhe o aspecto de um senador romano. Os Reis se levantaram, como que para um grande senhor, o ergueram depois que ele lhes beijou as mãos, e, com muita gentileza, mandaram que ele lhe trouxessem uma cadeira, e o fizeram sentar entre eles, sobre o estrado. Depois que ele, com grande sabedoria, contou todas as graças que Deus lhe concedera nessa viagem, a grandeza e a felicidade das terras descobertas; que ele mostrou as peças de ouro trabalhado e as amostras de ouro em grandes e pequenos pedaços, afirmando que essas terras dele produziam grandes quantidades; depois que descreveu a simplicidade e gentileza dessas pessoas e sua disposição de receber nossa santa fé — como provavam os indígenas que apresentou lá —, os Reis se levantaram, ajoelharam-se com os olhos cheios de lágrimas, e os cantores da capela entoaram o 'Te Deum'" (Las Casas, I, cap. 79). Las Casas, muito jovem, não estava presente, mas relatou tudo isso, escorando-se no cronista real Oviedo, que testemunhou a cena.

Logo começou a instrução religiosa dos índios (pergunta-se em que língua...) e, um mês mais tarde, receberam o batismo, tendo como padrinhos o rei, a rainha, o príncipe João etc. Poucos deles sobreviveram, aliás, a essa mudança total de vida e de clima; um destes foi Diego Colón, originário de San Salvador, chamado Diego em honra do irmão do Almirante, e que foi durante anos um precioso intérprete.

O triunfo do Almirante estava completo. Ele cavalgava ao lado do rei, privilégio reservado às pessoas de sangue real. O cardeal de Espanha o convidava à sua mesa, sentava-o a seu lado e fazia-o comer dos pratos que experimentava... É muito provável — tentação natural — que o genovês tenha dissimulado suas origens plebéias quando lhe foi concedido pôr em seu brasão as armas de Castela e Leão, "reservando para o quarto inferior vossas próprias armas, aquelas de que usais habitualmente". Recebeu a nobreza espanhola: o direito de fazer chamar-se *don;* esse privilégio foi estendido a seus dois irmãos, Bartolomeu, então na França, e Tiago, então em Gênova (que será chamado Diego em castelhano), detalhe que mostra que o Descobridor não esquecia nem renegava sua família. Ao mesmo tempo, obtinha a confirmação solene das *Capitulações.*

Qual não devia ter sido sua satisfação ao ver que se fazia justiça a opiniões que se haviam qualificado de fantasias: "Quanto mais compreendemos a grandeza de vosso desígnio", escreviam-lhe os soberanos, "mais avaliamos a ciência que demonstrastes, e que não se poderia supor em nenhum mortal." Os letrados não foram os últimos a extasiar-se, como o jovem humanista Pedro Martyr d'Anghiera, adido à corte de Castela, que escreveu a seus correspondentes, depois de conhecer o genovês: "Colombo acaba de chegar dos antípodas do oeste" (carta de 14 de maio); ou então: "Que admirável descoberta! Eis que o que era ignorado desde as origens do mundo começa a desvelar-se... Colombo acaba de descobrir um novo hemisfério da terra pelos antípodas ocidentais" (13 de setembro). Pedro Martyr começou então a redação de suas *Décadas*, da qual a primeira foi intitulada *De Orbe Novo* (Do Novo Mundo). Esse qualificativo não deve prestar-se a engano: para Martyr, como para Colombo, *novo mundo* significava uma parte da Ásia ainda desconhecida pelos europeus, mas que se podia englobar nas *Índias.* Ainda não havia nenhuma suspeita da descoberta de um novo continente.

Era urgente pedir à mais alta autoridade espiritual, o papa, que sancionasse a posse dessas Índias, feita em nome de Castela. Era o papado que havia concedido, em 1481, à coroa de Portugal, a extensão de sua soberania "para além das ilhas Canárias, em direção à Guiné" (esse *além* era muito vago e podia significar tanto o oeste quanto o sul). O novo papa, Alexandre VI Bórgia, um espanhol, era muito ligado a Fernando e Isabel. Foi ele que lhes concedeu o título de "Católicos". Já em 4 de maio, o pontífice teve conhecimento da descoberta de ilhas

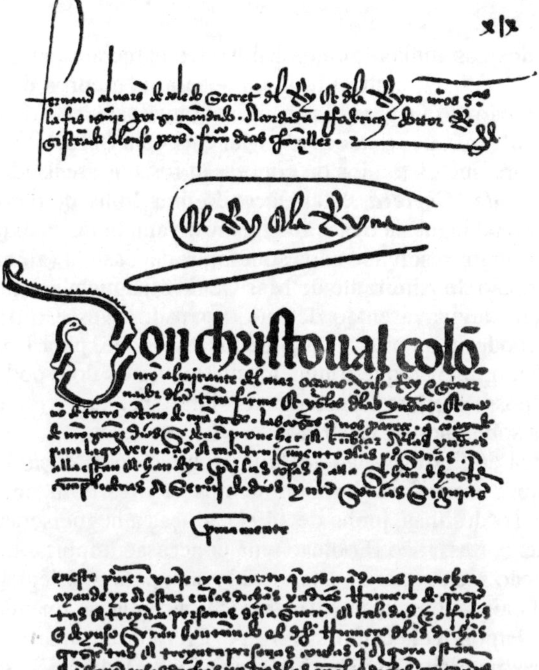

Instrução dos reis a *don Christoval Colon, nostro almirante del mar oceano, visorey e governador della terra firme et yslas de las Yndias.*

"para os lados das Índias", cujos habitantes pareciam perfeitamente aptos à religião cristã, e atribuiu-lhe a soberania à coroa de Castela, "com a condição de que para lá se enviem homens sábios e doutos para instruir os indígenas na fé católica". Mal chegou a Barcelona, Colombo insistiu para que os termos da concessão fossem precisados. Daí a célebre bula *Inter Coetera,* estabelecendo uma linha de demarcação imaginária a 100 léguas a oeste dos Açores: para além, as expedições e seus lucros eram reservados aos soberanos de Castela (além, começava a jurisdição do Almirante do Mar Oceano); aquém aos portugueses. Ninguém duvidava então de que o papado tivesse o direito de delegar um poder temporal — ordenado, é verdade, para fins espirituais. Colombo, menos que ninguém, distinguia os dois poderes, ele que tomara posse das terras descobertas simultaneamente em nome de Cristo e dos soberanos de Castela.

A coroa de Portugal não aceitou de início a sentença do papa e simulou reunir uma frota importante nos Açores. Um ano depois (Tratado de Tordesilhas, junho de 1494), graças a negociações diretas entre as duas cortes, João II obteve uma concessão importante: a linha de demarcação recuou para oeste e foi levada para 370 léguas, o que fez o Brasil cair automaticamente na zona portuguesa, quando de sua descoberta. É possível, como sugere A. Cioranescu, que tenha sido durante essas negociações laboriosas que foi forjada em Lisboa, por Martin Behaim, a correspondência dita de Toscanelli, a fim de estabelecer que a coroa de Portugal fora informada bem antes da de Castela sobre o projeto de *chegar ao Oriente pelo Poente,* e que o genovês tinha mais ou menos roubado esse projeto. Colombo tinha, nesse momento, partido de novo para as Índias e não podia desmentir essa acusação. (Ele teria tido conhecimento da falsificação quando voltou, em 1496, e foi então que copiou a "carta a Martins", nas folhas da *Historia Rerum.* Mas por que, poder-se-ia objetar a A. Cioranescu, ele se teria abstido depois de falar nisso, ao menos para defender-se? E, também, por que os cronistas portugueses nunca mencionaram essa acusação?)

Os preparativos para a segunda viagem foram realizados em algumas semanas e confiados a um funcionário, cujo cargo fora recentemente criado: o "superintendente para os negócios das Índias", o arquidiácono Fonseca, excelente administrador, mas com quem Colombo nunca se entendeu. As instruções reais, inspiradas no Almirante, constituíam todo um plano de colonização. Centenas de homens, contratados pela Coroa, partiam para estabelecer-se nas Índias (mas não mulheres...): fidalgos, munidos de seus cavalos, artesãos, pedreiros, mineiros, agricultores. "Levam-se também animais recém-nascidos", escreveu Pedro Martyr, em sua *Iª Década:* "éguas, ovelhas, carneiros [com efeito, os únicos quadrúpedes encontrados nas ilhas foram "cães mudos"]. Assim também, sementes de trigo, aveia, mudas de videira, mudas de árvores" e muitos víveres. Estabeleceu-se uma alfândega em Cádis, para registrar as mercadorias levadas. A Coroa teria o monopólio dos assuntos comerciais, dos quais o Almirante participaria com a oitava parte das despesas e lucros, segundo o que fora estipulado nas *Capitulações.* A quinta parte do ouro seria reservada ao Tesouro Real. Como governador, Colombo poderia nomear para todos os empregos, mediante ratificação dos Reis.

O objetivo religioso estava bem especificado, assim como os meios de evangelização: "Tratar os índios com amor, a fim de que se domestiquem." Houve, dessa vez, um capelão da frota: o monge beneditino Bernardo Boyl, personagem que muito contribuiu para prejudicar Colombo e que pouco se preocupou com a evangelização dos índios. Também três franciscanos "borguinhões" e um jeronimita espanhol, Raimundo Pané.

A frota se compunha de 17 navios, nos quais embarcaram aproximadamente 1.200 homens. Diego Colombo, o irmão mais novo de Cristóvão, partia com ele: "homem virtuoso, de uma simplicidade sem malícia, que se vestia como um clérigo" (Las Casas). O pai e o tio de Bartolomeu de Las Casas faziam parte da armada, este último como capitão das forças armadas. (Nosso historiador das Índias pôde dispor, para os anos seguintes, de informações orais, além de um diário de bordo do Almirante, posteriormente desaparecido). Viajava também o futuro conquistador Afonso Hojeda. Um médico: o doutor Chanca, também cronista, que deixou um relato da viagem. Não havia cosmógrafo oficial, mas, entre os simples marinheiros, um deles se tornou um cartógrafo famoso: Juan de la Cosa, personagem muito provavelmente diferente de seu homônimo, o piloto da *Santa Maria.*

Na tripulação, a maioria era da costa andaluza, e muitos deles participaram da primeira viagem. Mas havia também genoveses, entre os quais um amigo de infância de Colombo, originário de Savona: Miguel Cuneo, autor, também ele, de uma narração da expedição.

O Almirante do Mar Oceano, capitão-geral de uma frota tão imponente, estava realmente no apogeu de sua glória, quando, em 25 de setembro de 1493, os 17 veleiros deixaram majestosamente o porto de Cádis, com um grande tremular de bandeiras. Nunca teria ele outro momento tão feliz.

Volta ao Novo Mundo

Primeira etapa: as ilhas Canárias, como no ano anterior. Depois o Almirante tomou uma direção um pouco mais ao sul que da primeira vez, tendo como objetivo atingir a parte do arquipélago que os índios lhe designaram por gestos, ao sul de Hispaniola. Menos de um mês depois, após uma travessia perfeita, a armada penetrava no mar das Caraíbas. A primeira ilha encontrada foi batizada como Dominica, pois era um domingo. Todo o arco de círculo do arquipélago foi depois percorrido. O mar exalava um perfume suave, e Colombo talvez tivesse pensado, ainda uma vez, nas ilhas perfumadas do mar de Cipango, de que falava Marco Polo.

Mas ao encantamento misturou-se o horror, quando se teve a prova das práticas antropofágicas dos guerreiros caraíbas. Assim, em Guadalupe, batizada em honra do célebre monastério da Estremadura, os espanhóis acharam restos de carne humana queimada e libertaram cativos destinados a esse horrível destino... Em outra ilha, os cristãos lutaram com os ferozes *Caniba*, dos quais vários foram capturados.

Em 24 de novembro de 1493, Colombo se encontrava na extremidade leste do Haiti, de onde partira para a Espanha no 16 de janeiro precedente. Agora, ele se apressava para reunir-se o mais depressa possível aos 39 cristãos deixados no fortim de La Navidad. No dia 27, as caravelas ancoraram no local. "No meio da noite, chegou uma canoa cheia de indígenas, que se aproximou da nau capitânia aos gritos de 'Almirante, Almirante!'. Este se mostrou, e eles o reconheceram por seu porte elevado. Subiram a bordo e lhe deram máscaras ornadas de ouro, presente do rei Guacanagari. O Almirante se informou sobre os cristãos, pois estava angustiado. Responderam-lhe que uns morreram de doença, outros partiram com mulheres... No dia seguinte, o Almirante foi a La Navidad; viu que a fortaleza estava queimada até o chão. Não vendo ninguém, compreendeu que todos aqueles que deixara com alegria e satisfação estavam mortos e sentiu uma grande tristeza" (Las

Casas, I, cap. 85-86). Sete ou oito cadáveres de espanhóis foram descobertos. Os indígenas não se mostravam, mas um irmão de Guacanagari, acompanhado de índios que sabiam um pouco de castelhano, veio conversar com Colombo. Contou ele — e é muito provável que as coisas se tenham passado desta forma — que, logo depois da partida do Almirante, os cristãos debandaram à procura de ouro; chegaram aos estados do rei Caonabo, lá cometeram abusos e raptos de mulheres. Menos pacífico que Guacanagari, Caonabo se vingara mandando matar esses homens dispersos, que, no início, os índios tinham considerado imortais... Depois, enviara a La Navidad uma expedição punitiva, que queimou a fortaleza. Guacanagari fora cúmplice? Ele se dizia doente com um ferimento recebido ao defender os cristãos, mas o doutor Chanca notou que o ferimento era imaginário.

Os próximos de Colombo, especialmente o capelão Boyl, pensavam que se deveria infligir ao cacique um castigo exemplar. Mas o Almirante não o consentiu, pois, escreveu ele, citado por Las Casas,

não é assim que se poderia ressuscitar os que morreram, nem mandá-los para o Paraíso, se lá não estão. Além disso, seria um motivo de guerra; ora, os Reis me enviaram para fundar um estabelecimento, e muito gastaram; e seria principalmente um grande impedimento à conversão dessas pessoas à nossa santa fé, o que é a finalidade principal deste empreendimento.

Esse desastre foi uma grande desvantagem para o futuro. Esperava-se achar um pequeno núcleo de cristãos bem implantado, que já teria explorado os arredores e descoberto as minas de ouro de Cibao. A colonização começava, pois, sob tristes auspícios, e, quando chegou o aniversário daquele Natal julgado miraculoso, Colombo teve que fazer um heróico ato de fé, para continuar acreditando que o naufrágio do ano anterior, nesse lugar, tivesse sido desejado pela Providência! De qualquer modo, não se tratava mais de estabelecer-se em La Navidad. Era preciso achar um lugar mais próximo das minas de ouro, de que tanto se esperava. A frota retomou a rota de leste em 7 de dezembro e ancorou logo que encontrou um lugar favorável: uma pequena planície, banhada por um curso d'água. *Em nome da Santa Trindade, determinei fundar ali meu estabelecimento.* Havia madeira, pedra, e os artesãos puderam começar a trabalhar na construção. Foi a cidade de Isabela, assim chamada em honra da rainha Isabel, primeiro estabelecimento cristão no Novo Mundo. Tratou-se logo de erguer uma igreja, e, já em 6 de janeiro de 1494, houve uma missa de fundação. Bela festa, a da Epifania — que celebra a universalidade da salvação —, como prelúdio a uma evangelização! Mas ninguém, salvo Colombo e o frei Raimundo Pané, pareceu preocupar-se, nos anos seguintes, em levar a Boa Nova aos indígenas.

O Almirante deu-se conta enfim da realidade de suas funções de governador e principalmente da difícil tarefa de fundador de uma colônia. No mar ele sempre soube dominar os acontecimentos. Mas sentia-se agora dominado pelos problemas da colonização do Novo Mundo. O que pesou foi o lado financeiro da empresa, o desejo de compensar rapidamente as grandes despesas feitas pela Coroa, que pagava a cerca de 1.200 colonos, com lucros substanciais, especialmente o ouro, com que tanto havia acenado.

Logo no início, todos caíram doentes, inclusive o Almirante. A maioria dos recém-chegados eram homens da terra, que a travessia e as intempéries haviam extenuado. Não se tratava de uma primeira aparição da sífilis.

A história da colonização americana prova que é impossível desembarcar uma tropa depois de uma longa viagem marítima, submetê-la a um duro labor, alojá-la em instalações precárias sob chuvas torrenciais, nutri-la de peixe, milho e inhame, em lugar de carne, pão e vinho, sem expô-la a uma altíssima mortalidade (Morison).

O próprio Colombo ficou acamado durante algum tempo. Segundo Las Casas, "sua fadiga, ao conduzir a frota, fora considerável; não só, como é comum para os que desempenham a função de pilotos, não pudera ele dormir, mas preocupava-se com toda uma frota nessas regiões que ninguém conhecia; e principalmente sabia que o mundo esperava ver o resultado de sua empresa; sentia-se pois na obrigação de satisfazer os Reis de Castela e toda a Cristandade (...) e continuamente repassava tudo isso em seu espírito" (I, cap. 89).

Em 30 de janeiro, Colombo enviou doze barcos à Espanha, sob o comando de Antônio de Torres, a quem encarregou de levar um longo memorando aos soberanos. O original desse documento, da mão de Colombo, chegou até nós com as anotações marginais feitas por Fernando e Isabel. Nesse texto Colombo insistiu na esperança de achar logo a mina de ouro. Expôs também o estado de penúria em que se encontravam os habitantes de Isabela, doentes, sem remédios, sem provisões suficientes. Aliás, tudo se resolveu com o tempo: *Neste ano, semeamos pouco, pois nossos poucos agricultores caíram doentes... O trigo e a vinha se aclimatarão muito bem; esta terra parece maravilhosa e nada ficará a dever à Andaluzia e à Sicília no que se refere à cana-de-açúcar.* Depois, veio a questão dos canibais — alguns tinham sido capturados no arquipélago caraíba:

Parece-me que só pode ser bom enviá-los a Castela, a fim de que abandonem finalmente esse desumano costume de comer homens, para que aprendam a língua e estejam assim bem dispostos a receber o batismo. Ganharemos ainda grande prestígio entre as populações daqui, que nos verão capturar aqueles que lhes causam tanto mal.

Naturalmente, Colombo recomendava que se reduzisse à escravidão esses seres inferiores. Mas infelizmente ele foi mais longe: como se podia prever um vaivém regular de caravelas entre a metrópole e a colônia, pois esta precisava ser abastecida em gado, víveres, sementes, ele propôs tranqüilamente que se amontoassem a bordo escravos canibais, para serem vendidos na Espanha. Estado de espírito escravagista que impedirá para sempre a canonização de genovês (canonização que um certo Roselly de Lorgues tentou iniciar em Roma no século passado, e pela qual se entusiasmou Léon Bloy). Além do mais, a redução à escravatura não se aplicou apenas aos ferozes caraíbas, mas também, mais tarde, aos amáveis índios de Hispaniola, levados pelo desespero à revolta armada...

Em 12 de março, Colombo também partiu em exploração, à frente de uma forte tropa armada, "bandeiras ao vento, soando a trombeta e dando tiros de bacamarte". Foi uma expedição fatigante. Atingiram uma certa garganta, de onde se descobria um vale fértil, "tão belo e verde", escreveu Las Casas (segundo um diário perdido de Colombo), "que parecia-lhes estar em alguma região do Paraíso. O Almirante, que considerava a profundeza de todas as coisas, deu graças infinitas a Deus e batizou-o com o nome de Vega Real" (cap. 90). Depois de atravessar muitos rios auríferos, Colombo escolheu um pequeno local bem protegido para construir um fortim. "Chamou-o fortaleza de São Tomé, para lembrar a incredulidade de São Tomé, pois seus homens não acreditavam que houvesse ouro nessa ilha, até que o tivessem apalpado com suas mãos" (Las Casas, cap. 91). Doravante, era impossível duvidar, pois os indígenas lhes traziam enormes pepitas. Uma guarnição de cinqüenta homens foi instalada, sob o comando do gentil-homem aragonês Margarit, que, encarregado de explorar a região, se comportou como um bárbaro e comprometeu a penetração pacífica. As instruções que lhe deixara o vice-rei eram, no entanto, inspiradas pela moderação cristã, mas não previram um sistema de intendência que pudesse ter evitado que Margarit e seus homens vivessem "à custa do país". *O essencial*, escreveu Colombo,

é zelar cuidadosamente para que não se faça nenhum mal aos índios, mas que, pelo contrário, sejam respeitados e tranqüilizados, de modo que não tenham motivo para irritar-se... Suas Altezas preferem a salvação desses homens e sua conversão a todas as riquezas que poderíamos achar aqui.

Mas a violência era preconizada em certos casos: *Se alguns deles cometem roubo, que sejam castigados, cortando-se-lhes as orelhas e o nariz. Assim, todos saberão na ilha que os maus são punidos enquanto os bons são bem tratados.* Punição cruel, que se usava em Castela, e que o capitão Hojeda apressou-se a aplicar a um indígena, que considerou responsável por um furto de roupas. O caso até foi mais longe: o cacique do lugar foi capturado e enviado a Isabela; Colombo se dispunha a mandar matá-lo, mas mudou de idéia a tempo.

Tudo ia muito mal em Isabela: doença e miséria. As provisões se estragavam rapidamente nesse clima úmido. Para obter mais farinha, era preciso fazer uma barragem e um moinho sobre o curso d'água; e, como os artesãos estivessem doentes, Colombo requisitou os fidalgos. "Mas parecia-lhes tão terrível quanto a morte trabalhar com as próprias mãos, principalmente sem comer." Daí um grande descontentamento. "Era inevitável", escreveu sensatamente Las Casas,

> que diante de tantas dificuldades a resolver, o Almirante desagradasse a todos. A isso acrescentava-se sua qualidade de estrangeiro e o fato de que não tinha feudo em Castela, o que lhe valia a pouca estima dos espanhóis, especialmente dos homens de qualidade, que são muito altivos (cap. 91).

Grande número desses aprendizes de colonos decepcionados, à frente o irmão Boyl, voltaram à Espanha logo que tiveram ocasião. Colombo ainda não suspeitava disso, quando decidiu, na primavera de 1494, retomar o mar para continuar suas descobertas. Partiu em 24 de abril, com três pequenas caravelas adaptadas à exploração costeira, deixando em Hispaniola um conselho de governo presidido por seu irmão Diego. De fato, devia ele executar as instruções reais, que lhe ordenavam explorar o maior número possível de ilhas e terras firmes, a fim de passar à frente do rei de Portugal em suas possíveis pretensões. E sem dúvida ele não deveria estar descontente em reassumir seu papel de Descobridor e de "exercer o apetite e a inclinação que Deus lhe dera, e para os quais o escolhera" (Las Casas, cap. 94). Sua ausência durou cinco meses.

Esses meses de exploração foram um intervalo que lembrava a atmosfera da primeira viagem: mesmos encontros com "bons selvagens", mesmas ilusões sobre a proximidade de Catai e mesmas referências às histórias de Marco Polo ou de Mandeville. Como sempre, Colombo escreveu um diário de bordo, que deu mais tarde ao capelão do arquidiácono Fonseca: o padre Bernaldez. Este extraiu do diário uma narração detalhada, o que nos consola da perda do original. O diário e outros papéis foram também utilizados por Fernando Colombo e Las Casas.

Colombo comandava a *Niña*, a caravela remanescente da grande viagem de 1492-93. A tripulação dos três barcos se compunha principalmente de homens da costa andaluza, entre os quais muitos eram gloriosos veteranos da primeira exploração do Novo Mundo. Mas havia também genoveses, como Miguel Cuneo, vários cartógrafos, como Juan de la Cosa, um notário, pelo menos um padre, um intérprete — o indígena chamado Diego Colón. Ao todo, umas sessenta pessoas. O projeto principal do Almirante era completar seu conhecimento de Cuba: tratava-se de uma ilha ou de uma *terra firme* — de um promontório da Ásia? Fazendo-se ao mar em 24 de abril, Colombo se dirigiu diretamente para a extremidade oriental de Cuba, onde acostou sem problemas no atual cabo Maisi. Batizou esse lugar como *Alfa e Ômega*, querendo significar que era *o fim do Ocidente e o princípio do Oriente...* Dali, seguiu o mais perto que pôde, de leste para oeste, a longa linha montanhosa costeira até sua extremidade, que ele chamou, como até hoje, cabo da Cruz, pois o atingiu em 3 de maio, dia da festa de Santa Cruz. Decidiu então fazer um desvio para a ilha próxima da Jamaica, que tomou por Babeque, de cujo ouro tanto lhe haviam falado. *É a mais bela ilha vista por olhos humanos*, escreveu ele, tentando, como sempre, minimizar sua decepção: nem vestígio do precioso metal. Além do mais, os habitantes da Jamaica eram belicosos e faziam menção de atirar suas lanças sobre as caravelas. *A fim de inspirar-lhes o temor aos cristãos*, o Almirante mandou crivá-los de flechas, ferindo ou matando alguns deles.

No dia 14 de maio, Colombo estava de volta ao cabo da Cruz. A costa se orientava agora para noroeste, e as caravelas entraram numa região de baixios arenosos, onde a navegação era muito difícil. Chegou o verão; tempestades estouraram, acompanhadas de trombas d'água. Grandes fadigas e grande tensão de espírito para Colombo, que, a partir desse momento, e por 32 noites consecutivas, perdeu quase completamente o sono. E sua excitação de espírito era grande. "Lembrou-se de ter lido", escreveu Bernaldez, "que, segundo Mandeville, contam-se cinco mil ilhas no mar das Índias." Ele contou até 104 ilhas nesse longo golfo, ao qual deu o bonito nome de Jardim da Rainha.

As miragens, se assim podemos chamar, multiplicaram-se. "Alguns índios dizem ao Almirante que além ficava Magon" (Bernaldez). *Magon* era o nome de uma província de Cuba, mas Colombo pensou imediatamente em *Mangi*, nome que designava a China do Sul em Marco Polo. "Diziam também que lá todas as pessoas têm uma cauda, e é por isso que usam roupas." O Almirante já conhecia esse tipo de fábula, que já ouvira a respeito dos canibais, mas o que lhe interessava era a perspectiva de encontrar homens vestidos; assim ele estaria realmente próximo dos Estados do Grande Cã.

No lugar aproximado onde começava a província de Magon, houve uma deliciosa pausa à margem de um golfo: *Perto do mar jorravam duas fontes de água viva; todos repousaram na relva, em meio ao maravilhoso perfume das flores e ao canto dos pássaros* (Bernaldez, segundo frases tiradas do diário de Colombo). Pouco depois, o horror:

Entraram num mar branco como leite. Em seguida, acharam uma profundidade de duas braças, e não havia fundo para ancorar, pois, tendo lançado as âncoras, estas arrastavam-se no solo... Ao fim de dez léguas, puderam ancorar junto a uma ilha, numa situação de extremo perigo'' (Bernaldez, cap. 128).

A brancura da água era causada por um fundo de marga fina que se desagregava. Ainda hoje esse arquipélago é muito perigoso para a navegação, apesar dos pontos de referência dos mapas. O que devia aumentar a aflição de todos é que acreditavam ter chegado ao fim do mundo — a esse fim das terras que as lendas árabes diziam ser ladeado por escolhos infinitos... ''Gostariam de abandonar a empresa e voltar atrás, mas Nosso Senhor, que socorre os homens humildes e de boa vontade, deu coragem ao Almirante, que decidiu continuar'' (*ibid.*).

Mais longe, aconteceu uma aventura estranha: ''Um arqueiro, que descera em terra, encontrou-se no meio de trinta índios; um deles vestia uma túnica branca que caía até os pés; o arqueiro tomou-o primeiramente pelo irmão trinitário que viajava com eles. Mas depois apareceram outros dois homens vestidos de túnicas brancas. Ele ficou com medo e correu gritando para a praia'' (*ibid.*). Os espanhóis pensavam, pelo que diziam os índios, que a região montanhosa do interior fosse governada por um grande rei ''que chamam santo e veste uma túnica branca caindo até o chão''. Colombo pensou certamente no Preste João, esse rei-padre cujos estados Marco Polo situara perto da muralha da China.

Até 8 de junho, a navegação foi muito difícil, num arquipélago pantanoso. Colombo fizera primitivamente o projeto, evidentemente insensato, de dar simplesmente a volta ao mundo. Por um cálculo de longitude altamente fantasioso, pensava ter percorrido mais da metade do globo, a partir da Espanha.

Seu desejo era achar a cidade de Catai, nos domínios do Grande Cã..., província que fica para o lado das terras do Preste João. Mas eu lhe disse, no ano de 1496, quando foi meu hóspede [é Bernaldez que fala], que teria sido necessário fazer ainda ao menos 1.200 léguas antes de atingi-la... Se a sorte o tivesse favorecido, poderia tentar voltar à Espanha pelo Oriente, pelo Ganges, pela península arábica; de lá, por terra, a Jerusalém e a Jaffa, onde embarcaria (cap. 123).

Mas todos a bordo estavam cansados; os víveres não podiam durar indefinidamente, e os barcos começavam a fazer água.

No dia 12 de junho, o Almirante tomou a decisão de voltar. Havia mais de um mês que ele navegava ao longo da costa de Cuba, uma das mais longas ilhas existentes, e não estava longe de sua extremidade ocidental. Mas os indígenas interrogados afirmavam que, a vinte jornadas dali, ainda não se achava o fim das terras. Colombo se convenceu de que se tratava realmente de um promontório da Ásia. E deu-se a famosa cena, incompreensível para espíritos modernos: o notário, à sua ordem, vai a bordo das caravelas e "pergunta à tripulação se têm alguma dúvida de que esta terra seja a terra firme que assinala o começo das Índias". Certamente por cansaço, ninguém se declarou contra. O notário exigiu então um juramento em que se afirmasse a convicção de que se achavam em presença de um continente, "sob pena de multa de 10.000 maravedis e de ter a língua cortada" (Bernaldez). Isso não impediu que, mais tarde, Juan de la Cosa representasse Cuba como uma ilha! O próprio amigo de Colombo, Miguel Cuneo, tinha dúvidas e as apresentou a um "cosmógrafo" quando regressou ao Haiti.

A respeito desse estranho juramento, Salvador de Madariaga falou com pertinência de "quixotismo". De fato, como não pensar em Dom Quixote "ameaçando com sua lança os que se recusavam a reconhecer que Dulcinéia era a maior beleza do mundo?" Esse juramento exigido de uma tripulação não é, aliás, um fato isolado. Bartolomeu Dias, quando regressou depois de dobrar o cabo da Boa Esperança, também tinha feito com que seus homens jurassem que de nada servia ir mais longe. Agindo da mesma forma, Colombo pretendia subtrair-se à responsabilidade de interromper uma exploração que lhe fora ordenada por instruções reais.

Assim, a pequena frota voltou atrás. Regresso difícil, mas marcado por dois episódios pitorescos e tocantes.

Certo domingo, o Almirante mandou celebrar a missa num lugar cheio de cardos em flor, mais perfumados que laranjeiras. Quando o cacique do lugar viu a barca, tomou o Almirante pela mão, e um velho índio de mais de oitenta anos lhe tomou a outra mão; este trazia um cesto de maçãs, que lhe deu de presente... Assim, dando-se as mãos, com um grande séquito de indígenas, chegaram ao lugar preparado para a missa. Quando o Almirante acabou de rezar, o velho índio lhe dirigiu ousadamente a palavra. Ele lhe disse que não se vangloriasse, pois era mortal como todos os outros, que todos os homens nasciam nus e tinham uma alma imortal, e que, depois da morte, a alma iria seja para o reino do céu, seja para o abismo da terra, segundo tivesse bem ou mal agido. O Almirante se comprazia em ouvi-lo, e compreendia quase tudo, graças aos gestos que fazia o ancião. Ele lhe respondeu, por seu intérprete indígena, que não viera para fazer o mal, salvo aos perversos, e que já havia honrado muito os bons, segundo a vontade expressa de seus senhores, o rei e a rainha de Castela. "Como", retorquiu o velho dirigindo-se ao intérprete, "este Almirante obedece a outro Senhor?" "Sim", disse o índio. "Ao rei e à rainha de Castela, que são os maiores príncipes do mundo". E contou-lhe, e a todos os indígenas presentes, as maravilhas que vira na Espanha: cidades, fortalezas, cavalos, festas, justas, corridas de touros. Eles escutavam com grande prazer e repetiam essas histórias uns aos outros. O ancião manifestou o desejo de ver tais coisas, e teria acompanhado o Almirante à Espanha, se sua mulher e seu filho não se tivessem oposto, chorando (Bernaldez, cap. 130).

O outro encontro com bons selvagens ocorreu na Jamaica, desta vez na costa sul, onde os indígenas se mostravam muito acolhedores. As caravelas iam partir, quando foram alcançadas por três pirogas.

Na maior, estava o cacique, com sua mulher, suas duas filhas, uma delas com seus 18 anos, muito bela, nua segundo o costume, mas muito modesta, seus dois filhos, seus cinco irmãos e outras pessoas de seu séquito. Na proa da piroga, estava um homem à guisa de arauto. Tinha um manto de plumas coloridas, formando como que uma cota de malhas, na cabeça um cocar de plumas, e segurava uma bandeira branca... O cacique tinha no peito jóias de uma espécie de cobre, que chamam *guanin*, e que se assemelha ao ouro, um ornamento na fronte, e nas orelhas discos de ouro. Embora nu, tinha um cinto de pedras coloridas... Quando a piroga se aproximou do navio, o cacique começou a dar à tripulação objetos indígenas. Era de manhã; o Almirante estava rezando e não percebeu a chegada do cacique. Este subiu à caravela com todo o seu séquito, e, logo que viu o Almirante, foi até ele com rosto alegre e lhe dirigiu estas palavras: "Amigo, estou decidido a deixar meu país e a acompanhar-te até teus príncipes, que são os maiores senhores do mundo, pois, a seu comando, tu percorres nossas regiões submetendo-as inteiramente, como soube por teus índios, e já que até o povo inumerável dos caraíbas te teme depois que destruíste suas canoas e capturaste seus filhos. É por isso que, antes que tomes minhas terras e domínios, quero ir com minha casa em teus navios, a fim de contemplar o grande rei e a grande rainha, e ver as maravilhas de Castela, que são numerosas, pelo que me disse o teu índio". Mas o Almirante teve compaixão dele, de suas filhas, de seus filhos, de sua mulher. Respondeu-lhe que o receberia como vassalo do rei e da rainha da Espanha, mas que, no momento, não podia levá-lo; que satisfaria seu desejo de outra vez. Deixaram-se como ótimos amigos (Bernaldez, cap. 131).

Em 29 de setembro de 1494, Colombo estava enfim de volta a Isabela, após ter explorado a costa sul do Haiti. Chega doente ali: "Tomado de um sono pestilencial... perdeu bruscamente o uso de suas forças e pensou-se que ele não duraria mais que um dia" (Las Casas, cap. 99). Ele se recuperou, mas teve que ficar vários meses acamado, sofrendo de novo com sua artrite.

Os anos difíceis iam começar para o governador-vice-rei. Um precioso auxiliar, é verdade, o esperava: seu irmão Bartolomeu, que viera da

França para a Espanha, e desta para as "Índias". Assim como Diego, Bartolomeu também não conseguira fazer-se obedecer pelos colonos, que se dispersavam na ilha à procura de ouro. Como se abandonavam aos piores abusos, os índios reagiram com emboscadas e assassinatos. O ciclo infernal das represálias começou então. Colombo enviou várias expedições militares ao interior. Houve batalhas, e, naturalmente, a vitória foi dos cristãos. Aconteceu assim em Vega Real, na primavera de 1495. Assim, foram feitos quinhentos prisioneiros, embarcados para a Espanha para serem vendidos como escravos. Las Casas reprovou, naturalmente, essa conduta cruel do Almirante, e viu o seu motivo nas dificuldades financeiras da colônia: "Ele preconizava a redução à escravatura dos índios, para não dar razão aos que criticavam a questão das Índias dizendo que nelas só se faziam despesas e nenhum lucro" (I, cap. 107).

Depois da captura do valoroso cacique Caonabo, realizada pelo capitão Hojeda, houve uma relativa pacificação da ilha. Mas o vice-rei continuava sentindo a necessidade de justificar as enormes despesas da colônia: soldos a pagar, abastecimento a assegurar, pois os fidalgos se recusavam a trabalhar. Imaginou ele a criação de um tributo em ouro sobre os novos "súditos" espanhóis; mas a taxa era excessivamente alta e exigia um trabalho extenuante por parte dos indígenas: lavagem de areias e rochas auríferas. Muitos caíram doentes ou fugiram para as montanhas.

Durante o verão de 1495, a tão cobiçada mina de ouro do Cibao foi enfim descoberta, não longe de São Tomé. Colombo encarregou seu irmão Bartolomeu, nomeado por ele governador militar (*adelantado*), de explorá-la. "Encontraram-se lá", escreveu Pedro Martyr em sua 2ª *Década,* "poços cavados há muito tempo. O Almirante pensou ter achado nessas minas os antigos tesouros do rei Salomão. Verdade ou mentira, não cabe a mim decidir." Colombo, entretanto, se mostrou afirmativo até o fim da vida: *A ilha Espanhola, que é Ofir*... escreveu ele várias vezes... Fez construir junto à mina uma fortaleza, a que chamou Concepción em honra da Virgem, sob a proteção de uma grande cruz erigida sobre uma elevação, reputada miraculosa, tradição recolhida na ilha, vinte anos depois, por Oviedo: quando de uma escaramuça com os índios, estes se apoderaram da cruz, mas não conseguiram atear-lhe fogo e fugiram apavorados.

Naquele ano de 1495, o vice-rei, a quem as guerras e preocupações financeiras não fizeram esquecer seu objetivo essencial, que era a evangelização, encontrou tempo para redigir uma espécie de dissertação etnográfica sobre a religião indígena, reproduzida por Fernando Colombo em sua *História*.

Não observei entre os índios, escreveu ele, *idolatria ou qualquer seita. Entretanto, seus reis têm cada um sua moradia, afastada da aldeia, com imagens de madeira esculpida, a que chamam cemies. Ali, fazem certas cerimônias, como nós em nossas igrejas; põem um certo pó na cabeça das estátuas, e depois o aspiram com um junco e deliram como ébrios. Essas estátuas representam, acredito, seu pai, avô ou predecessor. Têm mais ou menos devoção a umas que a outras, como nós pelas estátuas que levamos nas procissões... A maioria deles demonstra uma grande devoção para com três espécies de pedras: supõem que a primeira favorece as colheitas, a segunda as mulheres em trabalho de parto, a terceira a chuva e o sol... Tive muito trabalho para saber suas crenças sobre a morada dos mortos, informando-me especialmente junto a Caonabo* [que era seu prisioneiro], *principal cacique desta ilha, homem idoso, de grande saber e de inteligência viva. Ele e outros me disseram que os mortos vão para um certo vale, onde encontram seus ancestrais; lá eles comem, tomam mulher, experimentam contentamento, como se verá depois pelo escrito do irmão Raimundo, que encarreguei de aprender sua língua e recolher todos os seus ritos e antigüidades. Pode-se dizer que, em geral, os índios têm uma certa crença natural na imortalidade da alma.*

Reproduzimos aqui algumas passagens da pesquisa de Raimundo Pané, publicada por Fernando Colombo:

O que eles acreditam sobre as idas e vindas dos mortos, sobre seu aspecto e os atos que estes executam

"Dizem eles que os mortos vão para um lugar chamado Coaybay, na costa de uma ilha chamada Soraya. Dizem que o senhor de Coaybay foi o primeiro a pedir para ir para esse lugar."

Dos costumes dos defuntos

"Durante o dia, os mortos ficam escondidos, mas à noite saem para divertir-se e comer um certo fruto chamado *guabaza*. Então eles próprios se transformam em frutos e vão misturar-se aos vivos.

"Para saber se estão mortos, tocam-lhe o ventre, e se não lhe encontram o umbigo, reconhecem que não estão mais vivos. Falam, assim, de uma certa mulher de Coaybay, que tentam pegar, mas, quando pensam agarrá-la, não encontram nada e ela desaparece subitamente.

"Chamam *gociz* ao espírito de uma pessoa viva e *opia* ao espírito de um morto. Acreditam que o *opia* lhes aparece muitas vezes, sob a forma de uma mulher, por exemplo.

"Dizem que alguns querem combater com o *opia*, mas, logo que o tocam, ele desaparece, ou vai pendurar-se numa árvore. Todos acreditam nessas fábulas, adultos e crianças, e que o fantasma lhes aparece sob a forma de pai, mãe, irmão, parentes. Dizem que os mortos comem pouco, o equivalente a um abricó. Os ditos defuntos só aparecem à noite, de modo que muito se teme caminhar depois que cai a noite."

Origem dessas crenças

"Existem entre eles homens chamados *bohuti*, que usam de mil artifícios e fazem crer que conversam com os mortos e conhecem todos os seus segredos; e que os defuntos os curam quando estão doentes. Vi isso com meus próprios olhos. As outras crenças, narro-as segundo o que me disseram os notáveis. Segundo um costume que se assemelha ao dos mouros, sua lei é enunciada em velhos cânticos que fazem as vezes de escrituras. Cantam acompanhados de um instrumento chamado *mayohavau*, de madeira, oco e muito leve, do comprimento de um braço e da largura de um meio-braço. A parte que soa tem a forma de tenazes de ferrador e a outra parte é em forma de clava. O instrumento se assemelha a uma cabeça de pescoço largo. É tão sonoro que se ouve a uma légua e meia. Acompanham-se com esse instrumento para cantar de cor seus velhos cânticos. São principalmente os homens que tocam, e aprendem a manejar o instrumento já na infância."

Dos costumes dos índios buhuitihu. Como ensinam a medicina

"Na maior parte da Ilha Espanhola, há muitos *cemies* de várias espécies. Em alguns deles, põem os ossos de seus pais, mães, parentes, ancestrais. Os *cemies* são de pedra e de madeira. Alguns falam; outros fornecem os alimentos; outros provocam a chuva, outros o vento. Os homens simples que fabricam esses ídolos (na verdade, são demônios) crêem firmemente em tudo isso, não tendo o conhecimento de nossa santa fé. Quando alguém está doente, é levado ao dito feiticeiro, ou 'médico'. O médico, assim como o paciente devem observar a dieta e purgar-se. Para isso, tomam pó de *cohoba*, o aspiram pelo nariz, o que os embriaga a ponto de desorientá-los. Chegam a dizer coisas insensatas, afirmando que falam com os *cemies*, que lhes explicam a causa da doença."

O que fazem os buhuitihu

"Quando vão visitar um doente, tomam um caldeirão de carvão moído, que passam no rosto, para que os outros acreditem que também estão doentes. Depois, pegam alguns ossinhos e carne, que põem na boca. O doente foi previamente purgado. Uma vez na casa do doente, senta-se e todos se calam. Se há crianças, são levadas para fora. Só ficam alguns notáveis. Tomam ervas de *gueyo*, assim como outra erva, envolvida numa folha de cebola. A erva é reduzida a uma pasta, que é dada ao doente, para que vomite. Então o feiticeiro entoa um canto. Depois, levanta-se, vai até o doente, que está no centro do cômodo, gira duas vezes em volta dele, toma-lhe as pernas, apalpa-as da coxa ao pé. Depois, sacode-o com força. Vai até a porta da casa, fecha-a e diz: 'Vai para a montanha, para o mar, ou para onde quiseres.' E ata as mãos do doente e fecha-lhe a boca. Suas mãos tremem de frio. Sopra e aspira como quando se suga a medula de um osso, e engole o mal pelo pescoço, pelas faces, ou pelo peito, ou pelo ventre. Depois, começa a tossir e a fazer caretas como se tivesse comido alguma coisa de amargo. Esconde-se na casa, tira pedaços de carne da boca e diz ao doente: 'Comeste alguma coisa que causou o mal de que sofres. Podes ver que o tirei do teu corpo, onde o tinha posto o teu *cemi*, para punir-te por não teres rezado ou não lhes teres construído um oratório, ou não lhe teres dado terras...' Se o que ele dá ao doente é uma pedra, diz-lhe: 'Guarda-a bem.' Consideram certo que essas pedras são boas, ajudam no parto. São guardadas, envolvidas em algodão, em cestos, e até alimentadas. Nos dias de festa, dão ao *cemi* peixe, carne e pão. No dia seguinte, depois que o *cemi* comeu, levam-se os restos às casas."

Erros dos médicos

"Quando, apesar de todos esses ritos, o doente vem a morrer, se o defunto tem muitos parentes, ou é o senhor de uma aldeia e pode igualar-se ao feiticeiro, age-se da seguinte maneira. Se o doente morreu por culpa do 'médico', que não observou a dieta prescrita, toma-se a erva *gueyo*. Dá-se esse pó ao defunto, caso o médico seja responsável por sua morte e não tenha observado a dieta. Depois, põe-se de novo o defunto em sua sepultura.

"Os ditos médicos fazem também a seguinte coisa: pegam o morto, fazem uma grande fogueira, como um fogo de carvoeiro. Quando a madeira se transforma em cinza, jogam o morto nessa fornalha e o recobrem de terra. Em seguida, fazem-lhe as perguntas que dissemos, mas ele nunca responde."

Como os parentes do morto se vingam do feiticeiro

"Os parentes se reúnem, esperam o *buhuitihu*, dão-lhe tantos golpes que lhe quebram as pernas, os braços, a cabeça, e o deixam como morto. À noite, chegam muitas cobras, brancas, negras, verdes, azuis ou de outras cores, que lambem o rosto do feiticeiro. Isso duas ou três noites seguidas. Então, os ossos dos braços e das pernas se soldam de novo, o feiticeiro se levanta e volta para sua casa. Aqueles que o encontram dizem-lhe: 'Não estavas morto?' Ele responde que os *cemies* o socorreram sob forma de cobras. Os inimigos do feiticeiro, que acreditavam ter-se vingado, desesperam-se ao vê-lo vivo. Decidem pegá-lo uma outra vez e arrancar-lhe os testículos, pois então morrerá inevitavelmente.

"Quando se levanta a fumaça do braseiro onde se queimou o defunto, a mulher penetra na casa do feiticeiro que não observou a dieta, e o corpo deste se cobre de chagas e dissolve-se completamente.

"Tais são as suas feitiçarias habituais."

Enquanto os outros religiosos regressaram com o padre Boyl, Raimundo Pané ficara na ilha, onde fez, encorajado por Colombo, um bom trabalho de evangelização. Na relação "etnográfica" publicada por Fernando Colombo e utilizada por Pedro Martyr, seguimos suas instalações sucessivas, primeiro no forte de Madalena (onde conseguiu converter um cacique e seu irmão, que iriam perseverar até o martírio), e depois no forte de Concepción, onde catequizou durante dois anos o cacique Guarionex (que abandonou a fé cristã quando constatou que os cristãos eram cruéis e lhe tomavam suas terras). Entre as "antigüidades" que ele recolheu, figurava esta impressionante profecia indígena: "Virão homens vestidos, que nos dominarão e nos matarão." "Acreditaram primeiro", acrescentou o monge, "que esse oráculo se referia aos canibais. Agora, pensam que se trata do Almirante e seus companheiros."

Uma carta desse ano de 1495, dirigida ao "almirante das Índias na grande ilha de Cibao" assimilava Colombo a um verdadeiro apóstolo. O seu autor era o cosmógrafo e lapidário catalão Jaime Ferrer, que conhecera o Descobridor em Barcelona, no momento de seu triunfo. Consultado pelos soberanos por ocasião do Tratado de Tordesilhas, fornecera um mapa-múndi e dera sua opinião sobre o modo de avaliar as léguas marítimas, remetendo-se à autoridade do "grande almirante das Índias, que sabe mais do que ninguém, e que a divina Providência escolheu em vista desse grande mistério, e para fazer brilhar a sua glória". Foi nestes termos que Ferrer se dirigiu a esse eleito de Deus:

Logo, senhor, estareis no *Sinus Magnus* [o golfo de Bengala] perto dessa região onde repousa o corpo de São Tomé; logo se cumprirá o que a Verdade Suprema declarou: o mundo inteiro estará sob um único pastor e uma única lei; isso só será possível se esses povos, ainda mais nus de doutrina que de corpo, forem instruídos em nossa santa fé. Assim, penso que não me engano, senhor, ao afirmar que tendes qualidade de apóstolo e embaixador de Deus, escolhido para dar a conhecer Seu Nome onde a verdade é desconhecida. Não seria inconveniente que um dos cardeais de Roma — como um apóstolo — tomasse parte em vossos gloriosos trabalhos; mas o peso de suas grandes capas e a indolência de suas vidas se opõem a isso... Se vossa alma se eleva às vezes até a contemplação do glorioso ofício de que vos incumbistes, que ela diga em voz alta, ao som da harpa: *Non nobis, Domine, sed Nomini Tuo da gloriam*.

Há uma elegante alusão às dificuldades encontradas pelo Almirante: "Porque experimentastes, senhor, em vossa peregrinação mais divina que humana, o sabor de amargura que se mistura ao pão consumido a serviço do Criador, sabeis com certeza que neste mundo fama temporal e glória eterna não se ganham na ociosidade."

Efetivamente, o crédito de Colombo baixava na Corte. Mesmo levando em consideração, entre os que voltavam das Índias, a decepção de não ter podido "recolher o ouro com a pá", era difícil para os soberanos ignorar as queixas de um homem de Igreja como Boyl, que acusava o governador de arbitrariedade na distribuição do abastecimento. Além disso, a chegada a Sevilha dos infelizes prisioneiros indígenas, aliás maltratados por uma travessia penosa, produzira má impressão; os Reis, tomados de escrúpulos, reuniram uma comissão de teólogos para saber se tinham o direito de vendê-los.

Assim, os navios que transportavam o abastecimento no verão de 1495 com destino às Índias levavam um investigador real, Juan Aguado. Grande humilhação para o vice-rei que, no entanto, não o demonstrou. Aguado não era portador de repreensões precisas; não obstante, Colombo sentiu que começava a cair em desgraça. Além do mais, o descontentamento aumentava à sua volta. "A imprecação favorita de todos os colonos era: 'Que Deus me faça voltar a Castela!' " (Las Casas, cap. 108). Talvez, o vice-rei teria voltado imediatamente à metrópole para apresentar seu relatório de governador, se uma tempestade não tivesse destruído muitos navios no desprotegido porto de Isabela. Segundo Oviedo e Las Casas, foi então que ele começou a se vestir como um monge franciscano, com burel e cordão na cintura, e deixou crescer a barba. Simples membro leigo da ordem terceira, nada o obrigava a isso. Adotou esse traje em espírito de penitência, seja por causa do desastre acontecido a seus barcos, seja como uma espécie de marca de humildade ostensiva, num momento em que sentia pairar uma ameaça do destino.

Retomemos um outro trabalho de Juan Manzano (*Colón descubrió América del Sur en 1494*, Caracas, 1972) que parece ter provado a existência de uma viagem de Colombo até então ignorada por todos. Foi ainda graças ao misterioso "piloto desconhecido" que o genovês teria ouvido falar de uma grande terra situada muito ao sul de Cuba, onde os indígenas não viveriam mais nus, pois já teriam entrado em contato com europeus. Os pré-descobridores teriam aportado no golfo de Paria (embocadura do Orenoco) e na pequena ilha de Cubagua, onde os nativos pescavam pérolas em abundância. Colombo teria ido até ali ao fim de sua expedição a Cuba. Teria ele desejado enviar seu irmão

Bartolomeu, que na sua ausência governava a Ilha Espanhola, para prosseguir a exploração da região das pérolas, mas este tinha outras tarefas, mais urgentes, pois as revoltas contra os irmãos Colombo, acusados de serem estrangeiros, tornavam-se cada vez mais acirradas. No começo de 1496, o Almirante das Índias voltou à Espanha. Fora precedido pelo piloto Peralonso Niñ, por Vespúcio, pelo cartógrafo Juan de la Cosa, que falaram das pérolas e obtiveram licenças de exploração, ainda mais facilmente porque Colombo deixara imprudentemente que seu mapa de Paria fosse copiado. Peralonso voltou a Cubagua e se apoderou de todas as pérolas que os índios haviam pescado para os espanhóis desde 1494. Esse caso das pérolas fez certamente parte de um processo de desmoralização de Colombo, pois este só ofereceu pérolas aos soberanos dois anos depois, quando de sua terceira viagem oficial. Quando propôs aos soberanos essa nova exploração, que foi aprovada, "ele afirmou", escreveu Las Casas em sua *Historia de las Indias*, "que Deus faria com que achasse uma grande terra firme; ele lhes assegurava isso com a maior certeza". Não haveria nisso nenhum mérito, se, como supõe J. Manzano (sem provas), ele já tivesse estado lá em 1494! Quando da exploração de 1498, o genovês teria encontrado bastardos da expedição dos pré-descobridores: ele ficou surpreso de ver indígenas sumariamente vestidos com lenços. "São altos e de cor tão branca quanto nós, com os cabelos cortados à moda de Castela, e de trato muito agradável." À sua volta, a rainha, encantada, exclamou: "Nosso Almirante cumpriu tudo o que nos prometera!"

No dia 10 de março de 1496, Colombo singrou para a Espanha, delegando seus poderes de governador a seu irmão Bartolomeu, e o exercício da justiça, com o título de *alcalde mayor*, a um escudeiro de sua casa chamado Francisco Roldán.

Longa travessia movimentada; desembarque em Cádis. Em Sevilha, entrada majestosa do cortejo do Almirante, ainda desta vez composto de índios; mas o genovês vestia o humilde hábito de São Francisco. Hospedou-se na casa do cura Bernaldez, contou-lhe suas aventuras e os ódios que suscitara "porque não deixava ninguém fazer lucros, zelando sempre pela preservação do que cabia ao Tesouro Real". Chamado pouco depois a Burgos pelos soberanos, recebeu a melhor das acolhidas, pois Aguado não apresentou nenhuma acusação fundada. Apresentou então os seus índios: um irmão e um sobrinho de Caonabo, trazendo máscaras, cintos, colares e a admirável coroa do grande cacique. ("Em todas essas jóias estava figurado o diabo", escreveu Bernaldez, "sob forma de coruja ou de cabeça de gato.") Os soberanos se mostraram contentes com tudo, e muito interessados na narração a respeito das terras descobertas. Mas o ciúme da Corte em relação ao estrangeiro não se desfez; muitos repatriados contribuíram com seus comentários para desvalorizar a colônia de Hispaniola.

Contei a Vossas Altezas, escreveu mais tarde o Almirante, *os povos que visitei, e de que modo se poderia salvar suas almas; trouxe-lhes os tributos dos habitantes da Ilha Espanhola que vos consideram como seus suseranos; mostrei pepitas de ouro em grande quantidade, falei das minas de ouro, dei muitas amostras de especiarias. Tudo isso foi mal recebido por certas pessoas, que estavam cheias de inveja e malevolência e não podiam suportar que eu falasse do serviço de Nosso Senhor e mostrasse quanto isso convinha à honra de Vossas Altezas. Com efeito, expliquei que sofrimentos e despesas tinham uma finalidade temporal e espiritual; que era impossível, que, com o tempo, a Espanha não tivesse grandes lucros. Contei o que fizeram grandes príncipes para aumentar seu renome: assim Salomão, que enviou seus navios até a extremidade do Oriente para reconhecer a montanha de Ofir (ora, a Ilha Espanhola é essa própria montanha); ou então Alexandre, que mandou explorar a ilha Taprobana na Índia; ou ainda Nero, que ordenou que se subisse até as fontes do Nilo... Para voltar à nossa época, falei dos reis de Portugal e da constância de que deram prova na descoberta da Guiné, do dinheiro e dos homens que gastaram, que se pode avaliar pela metade da população de Portugal, e no entanto eles perseveraram... Tudo o que eu dizia só servia para alimentar o desprezo e a distância que mostravam por essa empresa. Mas Vossas Altezas me responderam sorrindo que eu não me preocupasse com isso. Um dia, quando lhes falava de meus temores (pois as calúnias que se faziam sobre mim teriam podido acabar por agir sobre Vossas Altezas, como a gota caindo sobre uma pedra acaba por perfurá-la), Vossas Altezas me responderam, com essa magnanimidade que o mundo inteiro conhece, que eu não me atormentasse: mesmo que só se encontrassem pedras e árvores, prosseguiram com o empreendimento... pois consideravam que haveria acréscimo para nossa santa fé.*

Mas, apesar dessa garantia real, Colombo estava muito longe de abandonar a preocupação com o rendimento material da Ilha Espanhola. Por que não se convencia ele da primazia do objetivo espiritual, de que sabia falar tão bem, e por que não abandonava sua política escravagista? Mas nada disso ele fez, e soube tranqüilizar, nesse ponto, a consciência dos soberanos, explicando-lhes que os índios enviados à Espanha tinham sido capturados em "guerras justas", em represália a atentados cometidos contra cristãos. E Bartolomeu recebeu a autorização de carregar três navios com esse gado humano... Las Casas estigmatizou devidamente essa aberração do Almirante, vendo sua origem nas práticas escravagistas dos portugueses, que Colombo testemunhara na Guiné:

Não deveria ele colocar o amor ao próximo acima da preocupação com o lucro dos Reis, e considerar a finalidade verdadeira da descoberta, que era a salvação de todos esses povos, em lugar de usar de força e violência, e atrair a ignomínia sobre o nome de "cristão"? (cap. 106).

Não se poderia dizer melhor...

Colombo ficou dois anos na Espanha antes de fazer-se novamente ao mar. Dois anos era muito tempo para esse impaciente, cuja imaginação nunca estava em repouso. Ia freqüentemente à Corte, onde encontrava seus dois filhos, que desempenhavam a função de pajens junto ao príncipe herdeiro. Mas as Índias não estavam mais no primeiro plano das preocupações dos soberanos, que naquele momento procuravam consolidar a posição de sua dinastia através de alianças antifrancesas; dois de seus filhos desposaram membros da Casa de Borgonha: a infanta Joana (mais tarde, chamada Joana a Louca) partiu, no mês de agosto de 1496, para Flandres, para casar-se com Filipe o Belo da Áustria; a mesma frota de 120 navios que a escoltou trouxe a arquiduquesa Margarida, irmã de Filipe, prometida ao herdeiro do trono de Castela. A cerimônia aconteceu em Burgos, em 3 de abril de 1497, e Colombo estava presente. Logo depois, obteve ele alguns documentos reais, datados de Burgos, de 23 de abril e de meses seguintes, referentes a seus privilégios pessoais, ou à sua futura partida para as Índias.

Consideremos as primeiras dessas disposições. Nova confirmação real, a quinta desde 1492, das *Capitulações* de Santa Fé, ato fundamental dos direitos do Descobridor. Fato novo: Colombo obteve a autorização de estabelecer um *morgado* sobre seus bens, em proveito de seus descendentes, "para que vossa memória se perpetue". O ato de morgadio foi redigido pelo Almirante alguns meses mais tarde (fevereiro de 1498). A pretexto de que o original desse documento não chegou até nós, certos hipercríticos o qualificaram de falso: seu motivo, confessado ou não, é que nele se pode ler a famosa frase: *Gênova, cidade onde nasci* (S. de Madariaga, que não quer acreditar no patriotismo genovês do Descobridor, está entre os que afirmam a falsificação). Mas encontrou-se, em 1925, nos arquivos de Simancas, uma confirmação real desse ato, datada de 1501; é difícil conceber que uma falsificação tenha sido fabricada entre 1498 e 1501 em função de um processo que se abriu em 1566, como imagina L. Ulloa... A própria idéia de estabelecer esse feudo de primogenitura, e depois fazê-lo confirmar alguns anos mais tarde, está bem de acordo com o temperamento de Colombo.[1]

[1] C. Verlinden (em *Studi Colombiani*, II, Gênova, 1952) observa a mesma preocupação "medieval e feudal" arcaizante, que o fez obstinar-se, em 1497, em igualar seus privilégios de almirante do Mar Oceano aos privilégios dos almirantes de Castela.

Disposições essenciais do morgadio: *Como somos todos mortais... pareceu-me conveniente, com a renda do oitavo dos lucros que me foi concedido* [pelas *Capitulações*], *constituir um morgado.* O herdeiro de Cristóvão seria seu filho mais velho, Diego, ou, em caso de morte deste, o filho mais novo, Fernando; na ausência deste, o irmão de Cristóvão, Bartolomeu, e depois o outro irmão, Diego. O sucessor do Descobridor era solicitado a adotar como única assinatura o seu monograma, seguido do único título: *Almirante*; a sustentar em Gênova *uma pessoa de nossa família que lá tenha mulher e domicílio, pois é nessa cidade que tenho a minha origem*; a tomar ações ao banco São Jorge de Gênova e acrescentar ao que elas rendam a soma necessária

> *para fazer alguma boa obra para Jerusalém... pois quando me decidi a partir à descoberta das Índias, supliquei a Suas Altezas que empregassem todo o lucro delas proveniente na conquista de Jerusalém.*

Rogava-se que Diego se esforçasse em participar pessoalmente dessa cruzada; que pusesse todos os seus recursos a serviço da Santa Igreja em caso de cisma ou heresia; que construísse na Ilha Espanhola uma igreja dedicada à Conceição da Virgem, assim como um hospital; que fundasse ali quatro cátedras de mestres de teologia, que se consagrariam à evangelização dos índios, ou até mais de quatro, se as rendas de morgado aumentassem, *pois nessa tarefa é bom gastar tudo o que se pode.*

Muitos documentos reais regulamentaram minuciosamente a viagem que o Almirante se dispunha a empreender. Este deveria equipar seis navios às expensas da Coroa. "Tereis que escolher 333 pessoas, ou seja: 40 escudeiros, 100 infantes, 30 marinheiros, 30 grumetes, 20 lavadores de ouro, 50 lavradores, 20 operários diversos, 30 mulheres" (inovação importante, pois grande parte do ódio provocado pelos espanhóis vinha de que eles raptavam as índias, sem nenhum escrúpulo).

> "Levareis para as Índias alguns religiosos e clérigos, que sejam pessoas virtuosas, a fim de administrar os sacramentos [aos espanhóis] e esforçar-se por converter os índios à nossa santa fé... Levareis também um médico, um boticário, um herborista e alguns instrumentos de música, para o divertimento daqueles que lá se estabelecerão.

Uma disposição previa que se poderia requisitar, como futuros colonos, prisioneiros de direito comum, o que foi feito. O Almirante ficaria encarregado de repartir os lotes de terra entre os novos ocupantes. (Ele recusou um feudo que os Reis lhe ofereceram em Hispaniola.) O objetivo espiritual da colonização era de novo definido. "Antes de tudo, logo que chegardes às ditas ilhas, esforçar-vos-eis por conduzir os ditos índios a viver em paz."

A grande dificuldade era encontrar fundos. O Tesouro fora esgotado pelos casamentos dos infantes, e um terceiro casamento foi celebrado no outono de 1497: o da infanta Isabel com o novo rei de Portugal, Manuel — união importante, pois punha fim à rivalidade entre os dois países irmãos. E havia também a guerra a prosseguir contra a França, a propósito do Roussillon.

As contas pessoais do vice-rei com os soberanos eram difíceis de acertar. Ele havia adiantado dinheiro, nos anos passados, para pagar os funcionários de Hispaniola; isso lhe foi reembolsado. Para empreender a nova expedição, o Tesouro Real lhe atribuiu uma forte soma, mas, seis meses mais tarde, só havia recebido um oitavo do seu total, e teve que fazer novos empréstimos com banqueiros italianos.

O objetivo da expedição era não apenas a colônia existente em Hispaniola, mas uma exploração mais ao sul, onde Colombo esperava, de acordo com seus informantes índios, descobrir terras de grande extensão: se estas se encontrassem a leste da linha de demarcação, caberiam a Portugal — detalhe que agora não criava mais nenhuma dificuldade.

No inverno de 1497-98, Colombo conheceu um personagem que se tornou um de seus mais fiéis amigos: o padre Gaspar Gorricio, originário da Itália do Norte, monge da célebre cartuxa de Las Cuevas, situada um pouco fora de Sevilha, nas margens do Guadalquivir. (O Descobridor pediu que o enterrassem na igreja conventual, e seu filho Fernando construiu para si uma magnífica morada junto à cartuxa.) Colombo encontrou em Gorricio ao mesmo tempo um conselheiro espiritual, um arquivista e um tesoureiro.

O capitão-geral da futura armada tomou suas disposições: três dos seis navios iriam abastecer a colônia; o comando de um deles foi confiado a Pedro Arana, irmão de Beatriz; outro teve como capitão João Antônio Colombo, primo genovês de Cristóvão.

Mas os preparativos na superintendência das Índias se arrastavam, e o Almirante via nisso má vontade de Fonseca. *Eu estava pronto a abandonar tudo*, escreveu mais tarde. Uma verdadeira catástrofe acabava de acontecer: a morte fulminante, em 6 de novembro de 1497, do príncipe herdeiro João, pouco tempo depois de seu casamento; terrível provação para a rainha, mãe apaixonada. Colombo, admitido à intimidade da família real (já participara das inquietações de Isabel, quando uma tempestade atrasara a chegada da noiva do príncipe), afirmou, talvez com o exagero que lhe era costumeiro, que só a perspectiva da nova viagem às Índias aliviaria a dor da rainha: *...e, para aliviar um pouco os seus sofrimentos, empreendi essa nova expedição.*

Em Sevilha, o Almirante se exasperou. Aliás, sua impaciência era legítima, pois pressentiu que seu irmão Bartolomeu, deixado como administrador em Hispaniola, se defrontava com graves dificuldades. Nessas condições, suportava cada vez menos a ironia de que era alvo o *seu* assunto das Índias, e os detalhes gerados pela rotina administrativa. Um dos funcionários reais, Ximeno, se destacou por suas palavras particularmente agressivas, e Colombo se sentiu profundamente amargurado. A violência do seu rancor explodiu no dia em que, enfim, tudo estava pronto para o embarque, 30 de maio de 1498: "O dito Ximeno — que não era um velho cristão — aventurara-se no convés da nau capitânia. O Almirante se jogou sobre ele, encheu-o de pontapés, arrancando-lhe os cabelos e deixando-o em lastimável estado." "Brutalidade inesperada nesse homem sério, e que muito iria prejudicá-lo junto aos soberanos", segundo a opinião de Las Casas, que relatou o incidente. *Suplico a Vossas Altezas*, escreveu Colombo, sem se desculpar muito,

que escolham aqueles que tratarão do assunto das Índias entre pessoas que não lhe sejam contrárias. A esse respeito, não sei o que foi feito de Ximeno: mas ele é da raça daqueles que se ajudam mutuamente, em qualquer circunstância.

A terceira viagem

Em seus relatos, Las Casas e Fernando dão o essencial de um diário de bordo desaparecido de Colombo. Conhecem-se também, graças aos seus longos trechos citados por Las Casas, as cartas dirigidas por Colombo aos Reis Católicos.

Os seis barcos partiram em 30 de maio de 1498, *em nome da Santa Trindade*, como de costume. Na altura das Canárias, o Almirante se separou de três deles, que iriam diretamente para Hispaniola. Os três outros desceram até as ilhas do Cabo Verde, onde fizeram escala, depois atingiram, ainda mais ao sul, a latitude da Sierra Leone, região onde os portugueses encontraram ouro. Com efeito, Colombo acreditou, como os "sábios" de seu tempo, que as regiões situadas num mesmo paralelo tinham o mesmo tipo de habitantes e de produções; e também, como lhe repetia seu amigo Jaime Ferrer, que, quanto mais quente a região, maior o número de produtos preciosos.

Chegando a essa latitude, o almirante dirigiu-se para o sudoeste, em 4 de julho. *Que Aquele que é Uno e Trino*, escreveu ele, *me guie em Sua bondade e Sua misericórdia, de modo que eu proporcione às Suas Altezas e a toda a Cristandade uma grande alegria, como aconteceu quando descobri as Índias, o que repercutiu no mundo inteiro.* A existência do continente sul-americano e seu avanço para o leste eram, ao que parece, suspeitados pelos portugueses. *Desejo verificar*, continuou Colombo, *o que pensava o rei João: haveria na direção do oeste uma grande terra firme* (e é por isso que João II teria pedido, em 1494, o recuo da "linha" para oeste.) Além disso, alguns índios do Haiti disseram ao almirante que *homens negros* teriam vindo de longe, do sul das ilhas, trazendo o metal chamado *guanin*, mistura de ouro e cobre.

No dia 13 de julho, os barcos entraram numa zona de calor tão forte que os barris de vinho e de água estouraram, o toicinho e a carne salgada se putrefizeram. As preocupações e a insônia abateram muito o Almirante. Mas "Deus os socorre", o vento se levantou e os levou para oeste; em 31 de julho, viu-se terra; tratava-se de uma ilha, próxima da costa da atual Venezuela. Como ela apresentasse um perfil de três cumes, Colombo viu nisso um "sinal" e deu-lhe o nome de Santa Trindade, conservado até hoje. Depois da indispensável descida em terra para renovar as provisões de água, o Almirante mandou contornar a ilha e penetrou no golfo de Paria. Foi no dia 1º de agosto que ele avistou pela primeira vez o continente americano; tomou-o, aliás, por uma ilha, que batizou como Ilha Santa. As maiores surpresas o esperavam nesse golfo, diferente de todos os que já vira, e que ele acreditava ser a foz de um dos rios do Paraíso terrestre! Ele se encontrou numa espécie de mar interior de água doce, aprisionado entre as múltiplas bocas do delta do Orenoco e a ilha da Trindade, mas comunicando-se com o oceano por duas gargantas. Primeira surpresa: os habitantes não eram negros, como Colombo esperava; assemelhavam-se aos outros índios, "mas mais claros, de bela estatura, com cabelos longos e lisos". Um cacique da ilha da Trindade "usando um diadema de ouro, aproximou-se do Almirante, que tinha um gorro carmesim, fez-lhe uma reverência, e depois tirou-lhe o gorro e substituiu-o pelo diadema". Em 4 de agosto, os navios quase foram vítimas de uma enorme onda que se formou na garganta sul, que Colombo chamou *Boca da Serpente*, certamente em alusão ao demônio:

> *Tarde da noite, estando no convés, ouvi, um terrível estrondo. Vi o mar levantar-se em forma de onda tão alta quanto o barco, e vir pouco a pouco para cima de nós. A crista da vaga produzia um rugido furioso; ainda hoje sinto no meu corpo aquele pavor.*

Entretanto, os navios não foram a pique e puderam ancorar na costa norte do golfo, a península de Paria, promontório tão alongado que Colombo o tomou por uma ilha e resolveu contorná-lo para oeste.

Sofrendo dos olhos, não pôde ele descer em terra para presidir à costumeira tomada de posse. Ao fim de uma semana de exploração, ao longo de costas verdejantes e baixas, decidiu-se a voltar atrás, ainda que muito intrigado por esse imenso golfo de água doce, em cujo fundo uma barca, enviada em reconhecimento, localizou as quatro embocaduras de um rio, o Orenoco.

> Ele desejaria penetrar no segredo dessas terras, saber de onde vinham o ouro e as pedras [com que se ornavam os indígenas]. Mas temia que se estragassem as provisões que transportava para a Ilha Espanhola — questão que lhe causara tanta preocupação... — e decidiu-se, pois, a ir para lá, enviando imediatamente o seu irmão *adelantado* para prosseguir a descoberta (Las Casas, cap. 137).

Em 12 de agosto, encontrou-se ele na garganta pela qual o golfo se comunica com o mar. Lá chegaram à hora de tércia,* no momento em que a água doce do golfo e a água salgada do mar combatiam, e uma grande vaga, alta como uma montanha, se elevou com um ruído terrível; acreditaram, como da outra vez na Boca da Serpente, que iam perecer; mas a corrente do golfo os empurrou, a salvo, para o oceano. O Almirante exclamou que haviam escapado à "goela do dragão", como no salmo, daí o nome de *Boca del Drago* dado a essa garganta perigosa...

Sofrendo cada vez mais dos olhos, Colombo renunciou à exploração costeira da Venezuela, que lhe teria revelado os locais de pesca de pérolas, dirigiu-se para noroeste, e, em 31 de agosto, ancorou diante de São Domingos, na costa sul do Haiti.

Antes de acostar, Colombo acabara de escrever uma longa carta aos soberanos, acompanhada de um mapa de navegação — carta apaixonante porque nos faz assistir ao esforço do Navegador para conciliar o que acabava de observar nessas terras novas com os conhecimentos teóricos e religiosos que possuía.

Seus dados de base para a figuração do mundo eram os mapas da *Geografia* de Ptolomeu, na qual ele ainda alongava a Ásia para leste, seguindo os dados de Marinho de Tiro, como vimos. No tempo de Ptolomeu, a navegação não ia mais longe, a oriente, do que o lugar figurado sob nome de Cattigara (costa oeste da península indochinesa). Os mapas da Ásia terminavam ali, e, mais ao sul, era desenhado um longo arco de círculo ligando a Ásia à África meridional, com o qualificativo de *terra desconhecida (terra incognita)*. Colombo imaginou ter penetrado nessas regiões: disse muito claramente nessa carta que descobrira *um novo hemisfério, desconhecido dos Antigos* — afirmação importante, pois não estava muito distante daquela de Américo Vespúcio... *Ptolomeu e os outros sábios que descreveram o mundo disseram que ele era esférico, como o hemisfério no qual viviam... Mas há uma outra metade do mundo, de que eles não tiveram conhecimento.* Colombo imaginou esse hemisfério em forma de pêra, por diferentes razões: a temperatura era aí mais suave do que na mesma latitude nas águas africanas; os habitantes eram bem menos escuros do que na África. A altitude corrigiria a latitude.

* A segunda das horas canônicas, correspondente às nove da manhã. (NT)

Estou persuadido, pois, de que esse hemisfério não é redondo, quero dizer aquele que começa depois que as Índias caem no oceano [isto é, o hemisfério sul] *e cuja extremidade se situa sob o equador; aliás, Aristóteles diz que o pólo antártico é a parte mais elevada do mundo, e a mais próxima do céu... A respeito desse hemisfério, ninguém ainda teve uma noção certa, pois ninguém lá fora até agora, quando Vossas Altezas me mandaram explorá-lo.*

Mas uma segunda hipótese, complementar da primeira, surgiu em seu espírito: a da proximidade do Paraíso terrestre. Desde o início da era cristã, os autores religiosos repetiam que o Jardim do Éden subsistira em nosso globo. Nas descrições do mundo, entre as quais a *Imago Mundi*, cara a Colombo, e até nos mapas, tinha ele uma localização precisa: geralmente na extremidade do Oriente, sobre uma montanha elevada, que as águas do Dilúvio não puderam atingir, numa região quente, um pouco ao sul do equador; quatro grandes rios o banhavam. O Navegador pensou ter chegado a essa extremidade do Oriente. Entretanto, a costa era plana, logo, o Paraíso não devia estar tão perto;

mas não penso que ele esteja numa montanha escarpada, como se diz geralmente; a terra deve elevar-se pouco a pouco, a partir de zonas longínquas. Aliás, não creio que alguém possa chegar ao Paraíso, salvo por expressa vontade divina. Do cume, desceria esse rio, que chega a formar como que um lago [o golfo de Paria], *pois nunca ouvi dizer que se tenha visto tal quantidade de água doce em contato com a água salgada... Além do mais, essa temperatura moderada é um indício do Paraíso.*

E Colombo entreviu a verdade: Se esse grande rio não provinha do Paraíso, derivava então de um país imenso, ao sul, de que ninguém até agora tivera conhecimento. Voltou então às "autoridades" que citou antes de sua primeira viagem para provar que o mundo comportava muito mais terras emersas que oceanos: Aristóteles, Sêneca, Plínio, o cardeal d'Ailly, o "profeta" Esdras, aos quais se acrescentaram Pedro Comestor — *o mestre da história escolástica* — e Mayrones. *Se esta é uma terra firme, é alguma coisa digna de admiração para todos os sábios, pois o rio que desemboca lá é tão grande que torna o mar doce até 48 léguas. Mas,* acrescentou ele, e isso não contradiz sua intuição de um continente, *tenho a convicção de que lá se encontra o Paraíso terrestre, e logo que possível, enviarei meu irmão, o adelantado, para penetrar mais nessas regiões.*

Essa conclusão "paradisíaca" era evidentemente falsa, mas pareceu a Colombo que ela concordava com uma observação prática: deixando o golfo de Paria, seus barcos foram empurrados por uma corrente violenta, embora não houvesse nenhum vento (é o fenômeno, hoje bem conhecido, do movimento das águas do mar de leste para oeste). Nada mais simples pensar que estavam descendo a encosta do Paraíso terrestre!

Não nos apressemos a ironizar tudo isso. Enquanto a terra foi considerada como o centro do mundo, a fé permaneceu emaranhada em toda uma série de representações cosmogônicas. E até meados do século XVI, tinha-se tendência a considerar como heréticos os que negavam a presença em nosso globo do Paraíso terrestre. (Ver Dom Anselme Stolz, *Théologie de la mystique*, Chevetogne, 1939).

Dessa viagem de Colombo data a intuição ainda obscura da descoberta de um *outro mundo*: não o *novo mundo* das Índias ocidentais, assim chamado por Pedro d'Anghiera, mas verdadeiramente *um outro mundo*, do qual os próprios antigos não tiveram conhecimento. Naturalmente, isso não quer dizer que Colombo adivinhava a existência de um continente sul-americano, separado da Ásia por um vasto oceano; ele imaginava sua "terra firme" como muito próxima das "Índias", talvez um pouco na mesma situação que a Austrália em relação à Ásia. Um mapa de 1505, atribuído a Bartolomeu Colombo, dá o nome de *Novo Mundo* à parte do continente sul-americano descoberta nessa data. Talvez esse mapa concordasse com um outro, infelizmente perdido, que o Almirante levantou em sua terceira viagem.

Outros exploradores logo seguiram o caminho do Navegador, assim que o seu relatório chegou à Espanha, e utilizaram os dados de seu mapa, especialmente o capitão Hojeda, companheiro da segunda viagem, acompanhado de Juan de la Cosa e do florentino Américo Vespúcio, que efetuaram um grande reconhecimento das costas da Venezuela e descobriram os locais de pesca de pérolas que Colombo não atingira.

Para o infeliz vice-rei, começavam dois anos terríveis. Na Ilha Espanhola, encontrou seus dois irmãos, Bartolomeu e Diego, instalados na nova capital, São Domingos. Fora Bartolomeu que a fundara, e assim a chamara em memória de Domingos Colombo, seu pai. Colombo defrontava-se com uma situação revolucionária: Francisco Roldán, que ele nomeara *alcalde mayor* antes de ausentar-se, não suportara depender de um estrangeiro, na pessoa de Bartolomeu, que detinha o poder maior na ilha, com o título de *adelantado*. Esperando talvez que, depois do relatório do investigador Aguado, os genoveses viessem a ser desacreditados e substituídos, Roldán fizera secessão, com setenta colonos, aproximadamente, *prometendo-lhes que agiriam como quisessem, não trabalhariam mais, teriam muita comida e muitas mulheres* (carta de Colombo aos Reis). Ao mesmo tempo, conseguira a adesão do cacique da província de Xaragua, onde se instalara, isentando os índios do tributo em ouro, que eles julgavam tão pesado. Em outras províncias da ilha, alguns caciques se revoltaram contra o *adelantado*, a fim de se livrarem também do tributo. Durante as lutas, numerosos índios foram feitos prisioneiros e, no mesmo momento em que Colombo chegava a São Domingos, três caravelas estavam na enseada, carregadas de escravos, prontas a voltar para a Espanha. O partido dos legalistas não era muito numeroso e contava não poucos descontentes e doentes (a sífilis fizera sua aparição no Novo Mundo).

A atitude do vice-rei para com os rebeldes foi surpreendentemente fraca: isso se devia talvez à fadiga e também a um complexo de inferioridade, ao sentir que seu crédito baixou e que a questão das Índias não tinha mais todo o favor real. Escreveu a Roldán uma carta quase afetuosa, enviou-lhe um salvo-conduto para vir a São Domingos, permitiu aos descontentes voltarem à Espanha, se assim o desejassem, nas caravelas de partida. O que foi feito.

As mensagens que Colombo dirigiu à Corte, em 18 de outubro, eram de duas espécies. De um lado, o relato da apaixonante exploração das proximidades do "Paraíso terrestre", acompanhado de um mapa, de amostras de ouro e de uma centena de pérolas, dadas pelos indígenas de Paria. De outro lado, uma longa carta sobre a situação na Ilha Espanhola. Primeiro ponto: como os navios estavam carregados de índios, o vice-rei enfatizou, ainda uma vez, o lucro que se poderia tirar deles. *É hábito*, escreveu ele,

> *empregar muitos escravos negros em Castela, em Aragão, em Portugal, na Itália, na Sicília e nas Ilhas Canárias, e acredito que da Guiné já não vêm tantos; ora, um só desses índios vale bem três negros. Estive nas ilhas de Cabo Verde* [no início da viagem de exploração] *onde se faz um grande tráfico de escravos, e vi que se pagava por um deles 8.000 maravedis... Dessas duas mercadorias* [os escravos e o pau-brasil] *parece-me que se poderia tirar 40 milhões, se não faltarem navios para vir aqui... Ainda que, no momento, os índios morram, não será sempre assim, pois é o que acontecia com os negros e os escravos das Canárias, no começo.*

Não se poderia ser mais candidamente escravagista! A esse respeito, repetimos o comentário de Las Casas: "É incrível que um homem que só posso qualificar de bom e bem-intencionado se mostrasse tão cego numa coisa tão clara. Poderiam responder-me que isso não é surpreendente, já que tantos letrados próximos aos soberanos se mostraram igualmente cegos e deixaram estabelecer-se os fundamentos dos lucros temporais sobre carregamentos de índios inocentes, tratados como simples cabeças de gado!" Há como que um vestígio de remorso em uma carta do Descobridor, pouco anterior à sua morte: *Quando mandei para Castela um grande número de índios para lá serem vendidos, foi com a intenção de fazê-los instruir em nossa fé e nossos costumes, e depois fazê-los voltar às suas terras, a fim de que os ensinassem aos outros.*

Continuemos a carta do vice-rei. Segundo um processo que se tornou cada vez mais freqüente, mascarou ele seu terror de que os Reis o abandonassem sob considerações religiosas e sob a lembrança das calúnias de que fora alvo:

Sempre tive ocasião de combater o Inimigo de nossa santa fé, pois ele se dedicou com todas as suas forças a demolir a minha grande empresa... Mas Deus é seu autor, e a conduzirá a bom termo, como fez desde o começo... Que me respondam aqueles que leram as histórias dos gregos e dos romanos: não tiveram estes mais dificuldades em alargar seus domínios do que tiveram Vossas Altezas em juntar as Índias à Espanha? Que homem sensato poderia afirmar que se gasta em vão o que se emprega neste negócio? Fico transtornado ao saber que dizem a Vossas Altezas que elas devem recolher ouro, dinheiro e coisas preciosas, e que não se dá preferência ao serviço de Nosso Senhor. Que Vossas Altezas estejam atentas: o negócio das Índias é mais importante, em minha opinião, que os negócios da França e da Itália.

E agora, considerações morais: os colonos viviam na ociosidade.

Não há ninguém que não tenha dois ou três índios a seu serviço, cães para a caça, e, coisa que digo a contragosto, que não tenha várias mulheres, admiravelmente belas. Essa maneira de agir me descontenta muito e não me parece servir a Deus. É por isso que alguns devotos religiosos nos seriam muito úteis, mais para reformar a fé entre os cristãos que para levá-la aos índios. Seria necessário que me fossem enviadas em cada navio cinqüenta a sessenta pessoas, e que eu mandasse de volta outros tantos preguiçosos e desobedientes, como faço agora; esse é o melhor castigo, e o que mais me convém.

Estado material da colônia: o gado importado da metrópole se multiplicou; a terra passou a ser bem-cuidada e a mostrar sua fertilidade. Mas havia muito tempo que o *adelantado* não podia pagar os soldos dos colonos. O tributo em ouro exigido por índios fora abandonado. Introduziu-se o hábito de obter dos índios um outro modo de rendimento: cada colono recebia um certo número de indígenas como mão-de-obra (origem do sistema de *repartimiento*, que era de fato uma escravidão). Colombo pediu aos Reis que ratificassem esse estado de coisas, provisoriamente, enquanto a Coroa não pudesse remunerar os colonos.

As negociações com os rebeldes se eternizaram até a primavera seguinte. *Foi necessário contemporizar*, escreveu Colombo aos soberanos, *mas tive razão para cansar-me, pois eis que já estamos no mês de maio* [de 1499] *e esses homens me dão a cada dia surpresas e preocupações... Não cessaram de falar mal de mim e desta ilha Espanhola, esta terra que é das mais férteis e belas que existem sob o céu, com seu ouro, especiarias, pau-brasil... Acusaram-me contra toda justiça, a fim de que Vossas Altezas me tomem ódio, a mim e à minha empresa; não teria sido assim se o autor do descobrimento tivesse sido um judeu convertido, desses* conversos *que são inimigos da felicidade de Vossas Altezas. Mas difamaram minha obra, de maneira a arruiná-la.*

S. de Madariaga traduziu este último membro de frase (*Mas escharon esta fama y tuvieron forma que ilegase a se perder del todo*) por: *Mas divulgaram esse nome* [de converso] *de modo que tudo foi perdido*, e quis ver aí a prova de que Colombo fora acusado de ser de origem judaica. Essa tradução não me parece aceitável, nem gramaticalmente, nem em virtude do contexto: Colombo quis dizer, na realidade, que, se ele pertencesse ao número desses *conversos* (*como são*, escreveu ele também, *a maioria dos partidários de Roldán*), não se teria ousado atacá-lo...

Roldán acabou por impor suas condições: foi restabelecido o seu título de *alcalde mayor*; quanto a seus companheiros, ficariam na ilha com boas concessões de terra ou poderiam voltar à metrópole.

Os dois navios que haviam ficado imobilizados durante um ano, e que Colombo renunciara a enviar em exploração ao golfo de Paria, partiram no outono de 1499, carregados de numerosos gentis-homens, cada um deles levando ao menos um escravo índio. Isso produziu péssima impressão no espírito da rainha, que estava justamente em Cádis, quando o carregamento humano foi desembarcado: trezentos índios, entre os quais mulheres e crianças. Até então, os soberanos não se tinham abalado, pensando que o "direito internacional" estava sendo respeitado, já que se tratava de prisioneiros de guerra, mas nenhuma carta explicativa do vice-rei alegava combates contra os índios. O pai de Las Casas estava entre os gentis-homens repatriados, e o futuro historiador das Índias, que assistiu à cena, relata a cólera de Isabel: "Quem autorizou meu Almirante a dar meus vassalos em propriedade a quem quer que seja?" E a rainha ordenou que os índios fossem reconduzidos à Ilha Espanhola.

As cartas que o vice-rei enviava na mesma ocasião certamente também não deram uma impressão favorável. Nelas sentia-se o homem fraco, ultrapassado pelos acontecimentos. Queixava-se de ter sido forçado por Roldán e pedia o envio de *uma pessoa letrada e experimentada* para ajudá-lo a fazer justiça.

Esse homem envelhecido, que sentia fracassar a sua obra, estava completamente desorientado. O breve episódio seguinte projeta uma luz sobre sua natureza dolorosa e mística:

No dia de Natal [de 1499] *todos me abandonaram... e cheguei ao fundo do sofrimento. Deixei tudo e parti numa pequena caravela. Nosso Senhor veio então me socorrer, dizendo-me "Homem de pouca fé, não temas. Estou aqui. A tudo proverei. O prazo de sete anos para o ouro ainda não passou." Assim, Ele me mostrou que podia dispersar meus inimigos e cumprir todos os meus votos.*

Esse "prazo de sete anos para o ouro" se explica em uma carta do Descobridor ao papa (1502): *A empresa das Índias teve como fim o resgate da Santa Casa de Jerusalém; e logo que achei essas terras, escrevi aos Reis que daqui a sete anos, eu lhes daria com o que pagar 50.000 infantes e 5.000 cavaleiros.* A "visão" do Natal de 1499 é pois bem reveladora da obsessão maior desse homem atormentado: o ouro, sim, mas como garantia de sua missão e instrumento para a cruzada.

Agora que a paz estava assinada com Roldán, o vice-rei parecia dominar de novo a situação. Distribuiu aos colonos terras e índios. Retomou-se a exploração das minas, mas a coleta do ouro era severamente controlada, de modo a preservar a cota real. Por isso, houve descontentamento. "Os que voltaram a Castela afirmavam que o Almirante escondia as riquezas do país. Acusavam-no, e a seus irmãos, de crueldade e incompetência... Se não se corrigisse essa situação, o Almirante se rebelaria e se aliaria a algum príncipe que o ajudasse, pois *ele dizia que tudo era dele*, já que tudo havia descoberto graças à sua habilidade e a seu trabalho" (*História*, de Fernando Colombo). Imagina-se facilmente que as palavras de Colombo poderiam prestar-se a essa interpretação caluniosa, ele que, até no seu leito de morte, afirmou ter *dado* as Índias ao reino de Castela; jactância insuportável para os espanhóis... Mas a acusação de traição premeditada era completamente gratuita, e o Almirante se defendeu facilmente:

Pergunto-me quem pode achar-me tão estúpido que não compreenda que, mesmo que as Índias me pertencessem, eu não poderia manter-me nelas sem a ajuda de um príncipe; e onde poderia eu achar maior apoio senão junto ao rei e à rainha que, do nada, me elevaram a essa alta posição e até tomaram meus filhos a seu serviço?

Todos esses boatos deviam-se à xenofobia em relação aos três irmãos e aos numerosos genoveses seus companheiros ("Fazei com que ninguém mais da nação deles venha para estas ilhas", escrevia um franciscano à Corte). O cronista real Oviedo, que foi mais tarde administrador nas Índias e conheceu bem a questão, escreveu com justiça: "Seria necessário a um governador ser angélico ou sobre-humano para contentar a todos."

No princípio do ano de 1500, Colombo começou, tardiamente, a usar de energia. Tornando-se novamente *alcalde mayor*, Roldán fazia reinar a disciplina nas regiões do Xaragua. Tendo um de seus gentis-homens raptado a filha de um cacique, Roldán o prendeu. Com isso, o primo do gentil-homem, Adriano Muxica, sublevou uma parte dos cristãos, proferindo ameaças de morte contra o vice-rei e seu *alcalde*. Roldán apoderou-se dele e o mandou a Colombo. Fez-se prontamente justiça: Muxica, condenado ao enforcamento, recusava confessar-se "para adiar o momento fatal"; foi ele então jogado do alto das torres da fortaleza. A justiça era rigorosa, naqueles tempos, mas o fato de ter executado Muxica sem que este tivesse podido receber os sacramentos foi imputado a Colombo como uma grande crueldade. Em seu passado de governador, os outros atos de crueldade que se censuraram nele foram o de ter exigido trabalho manual de fidalgos subalimentados, e também o de ter mandado enforcar aqueles que, contra suas ordens, se dispersavam pelo campo à procura de comida, arriscando-se a serem massacrados pelos índios. "Vi as peças do processo e conheci muitas testemunhas de acusação contra o Almirante e seus irmãos", escreveu Las Casas, que chegou pouco depois à ilha. "Mas", acrescentou ele, "ninguém teve nada a dizer contra a decência de seus costumes."

Colombo caíra em desgraça há mais de um ano, sem que disso tivesse suspeitado. O grande número de descontentes que voltaram à metrópole provavam, só com sua presença, que o Almirante fracassara na tarefa de governador. Já no dia 21 de maio de 1499, os Reis tinham escolhido um certo Bobadilla, comandante de uma ordem de cavalaria, não apenas como investigador para o conflito que opunha o vice-rei e Roldán, mas também como governador da ilha, e o muniram de uma credencial dirigida ao Almirante. Mas o fato foi mantido secreto, e a partida de Bobadilla só ocorreu um ano depois, quando as acusações contra Colombo se tinham agravado depois da chegada dos dois navios carregados de escravos indígenas. O comandante fez-se ao mar no verão de 1500 e ancorou diante de São Domingos em 23 de agosto. Dos três irmãos Colombo, só Diego se encontrava na capital; Cristóvão estava em La Concepción, e Bartolomeu em Xaragua, onde continuava a caçada aos partidários de Muxica. A primeira coisa que Bobadilla viu foi um cadafalso com os corpos de seis enforcados. Com efeito, dezesseis gentis-homens rebeldes haviam sido feitos prisioneiros por Bartolomeu, que os enviara a São Domingos para que se fizesse justiça. Imediatamente, o comandante mandou libertar os condenados que se encontravam na fortaleza, e, como Diego quisesse opor-se a isso, dizendo que só recebia ordens de seu irmão, ele o encarcerou. Depois, instalou-se no palácio de Colombo, apoderou-se dos seus arquivos e tesouro, e declarou que vinha pagar os soldos atrasados. Dois mensageiros foram mandados ao Almirante, levando a credencial real, que dizia secamente: "Nosso comandante vos falará em nosso nome." Protestando que os soberanos não podiam anular suas funções de governador e vice-rei, Colombo foi, acabrunhado, para São Domingos, onde foi posto a ferros, sem que Bobadilla lhe concedesse ao menos uma entrevista. O mesmo foi feito com Bartolomeu. "Quando quiseram algemar o Almirante", contou Las Casas (cap. 181),

nenhum daqueles que estavam lá ousava fazê-lo, por respeito à sua pessoa. Mas encontrou-se um obscuro cozinheiro de sua casa que o fez com um ar impudente, tão tranqüilamente como se estivesse lhe apresentando algum prato delicado.

Tratado dessa maneira infamante, Colombo pôde temer o pior. Um dia, no começo de outubro, um gentil-homem entrou na prisão, onde ele estava incomunicável, e pediu-lhe que o seguisse. Cena patética, contada por Las Casas (cap. 181): " 'Vallejo, para onde me conduzis? pergunta o almirante. — Senhor, para o navio no qual embarcareis. — Vallejo, é verdade? — Pela vida de Vossa Senhoria, é verdade que ides embarcar.' Essas palavras o devolveram à vida."

Uma vez embarcados os três irmãos e o navio em alto-mar, Vallejo, que certamente desaprovava os indignos métodos de Bobadilla, propôs aos prisioneiros tirar-lhes suas correntes. Colombo recusou-se orgulhosamente, dizendo que só o faria com ordem real. Mais tarde, guardou essas correntes como uma relíquia. "Sempre as vi em destaque em sua casa", escreveu seu filho Fernando. "E ele até ordenou que fosse enterrado com elas."

Durante o mês que durou a travessia, o vice-rei deposto teve todo o tempo de ruminar sua desgraça e preparar sua defesa. Endereçou-a não diretamente aos soberanos, mas a uma pessoa de sua proximidade: Joana de Torres, antiga governanta do príncipe herdeiro.

Epístola que o mostra ao natural, na desordem e na agitação do seu pensamento. Apelo confiante à sua protetora de sempre — a rainha; e, quanto à justificação de sua conduta de governador, uma mistura de humildade e orgulho, que traduz exatamente o tom de seu personagem.

É costume que o mundo maltrate os homens. Ele me combateu mil vezes; até agora, a todas resisti. Hoje, ele me derruba com crueldade; mas a esperança Naquele que criou todas as coisas me sustém, pois seu socorro sempre foi muito pronto. De outra vez, eu caíra muito baixo quando Ele me disse: "Homem de pouca fé, não temas. Levanta-te. Sou eu". Vim com amor extremo servir a estes príncipes, e os servi, de tal maneira que nunca ninguém ouviu coisa semelhante. Tornei-me o mensageiro do novo céu e da nova terra, de que fala Nosso Senhor no Apocalipse, pela boca de São João, após tê-lo feito pela boca de Isaías, e volto agora dessas regiões. Todos me escutaram com incredulidade, mas Deus deu à rainha um espírito de inteligência e uma grande resolução; ele a tornou herdeira de tudo, como filha bem-amada... Sua Alteza sempre me aprovou e me apoiou tanto quanto pôde... Há nove anos, faço coisas dignas de memória. Não fizeram caso disso. Hoje, até os miseráveis me ultrajam; só os virtuosos não concordam com isso. Se eu tivesse roubado as Índias e as tivesse dado aos mouros, não se poderia ter mostrado mais hostilidade a mim do que o faz a Espanha... Há muito tempo que estou pronto para voltar até Suas Altezas com boas notícias do ouro, e que desejo fugir daqui para não ter mais que governar esses desclassificados, que não temem nem Deus nem reis. Ainda antes de minha partida para a Espanha, pedira eu a Suas Altezas que designassem alguém junto a mim para exercermos a justiça; eu o pedi novamente depois da sublevação de Roldán... Enfim, desembarcou o comandante Bobadilla. Já no segundo dia, fez as vezes de governador e proclamou a ''franquia'' do ouro por vinte anos; declarou que ia pagar a todos; e que, quanto a mim e a meus irmãos, ele nos faria pôr a ferros — o que fez — acrescentando que eu nunca voltaria para cá, eu ou alguém de meu sangue, dizendo a meu respeito mil coisas descorteses... Ordenou investigações sobre mim, sobre tantas maldades que só se encontram no Inferno. Mas Nosso Senhor está presente para me ajudar, Ele que salvou da fornalha Daniel e os três jovens... A primeira coisa que ele fez foi apoderar-se de meu ouro, na minha ausência, dizendo que queria usá-lo para pagar os funcionários. Desse ouro, eu separara pedaços grandes como ovos de gansa ou galinha, que meus homens recolheram em muito pouco tempo, a fim de mostrá-los a Suas Altezas e para que elas se alegrassem. Havia também uma corrente de ouro, pesando vinte marcos, da qual não se ouviu mais falar. Eu esperava pagar a todos, sem prejudicar quem quer que fosse, com 600.000 maravedis; teriam restado 4 milhões, provenientes de rendas, sem tocar no ouro. Tudo isso, ele esbanja: Vossas Altezas poderão julgar, quando lhe ordenarem que preste contas... Foi um grande mal para mim que fosse enviado para investigar meus atos um homem que sabia que, exagerando os fatos de seu relatório, lá ficaria como governador... É injusto que eu seja julgado como um governador qualquer, que administrasse a Sicília ou uma cidade que tivesse suas leis e seus regulamentos. Devo ser julgado como um capitão que partiu da Espanha para ir conquistar nas Índias um povo numeroso e belicoso, de costumes e religião contrários aos nossos; estabeleci a dominação do rei e da rainha sobre esse outro mundo, e a Espanha, de pobre que era, ficou rica. Devo ser julgado como um capitão que, há muitos anos, carrega as armas sem depô-las um só dia, e por cavaleiros, por homens de ação, e não por letrados... Se me enganei, foi sem intenção de fazer o mal, e creio que Suas Altezas julgarão assim. Tenho como certo que elas usarão de misericórdia para comigo, pois meus erros são involuntários, como saberão depois, e que elas levarão em conta os meus serviços, que a cada dia se revelarão maiores.

Logo que as caravelas chegaram a Cádis, em 25 de novembro de 1500, essa carta foi rapidamente levada à Corte, e a ordem real de libertar os prisioneiros chegou imediatamente. Um mês mais tarde, foram eles convocados por Fernando e Isabel.

Os soberanos receberam o Almirante e seus irmãos de modo muito benévolo, mostrando compaixão por sua adversidade, dando-lhes toda a consolação que podiam, certificando o Almirante de que sua prisão não se fizera com seu consentimento, prometendo-lhe sanar tudo e restabelecê-lo em seus privilégios; a rainha, especialmente, se empenhava o mais que podia em consolá-lo e manifestar-lhe seus sentimentos, pois era principalmente nela que o Almirante depositava sua esperança. Ele, em soluços e lágrimas, jogara-se de joelhos, e durante um momento, não pôde dizer uma palavra. Mandaram-lhe que se levantasse, e ele começou o seu discurso, difícil e doloroso, protestando-lhes seu amor sincero e sua dedicação inalienável a seu serviço (Las Casas, cap. 183).

Entretanto, a queda de Colombo começara. Mesmo conservando a afeição e a estima dos soberanos — ou ao menos da rainha —, nunca mais conseguiu restabelecer a totalidade de seus direitos e prerrogativas. É verdade que o comandante Bobadilla recebeu a ordem de restituir os bens confiscados, e que Colombo teve, em Hispaniola, um procurador que fez respeitar seu direito sobre a décima parte dos lucros. Mas nunca mais os atos oficiais o designaram como vice-rei e governador; nunca mais pôde retomar o governo da ilha que ele dera à Espanha. Se ele teve a satisfação de ver seu inimigo, Bobadilla, destituído um ano depois, também teve a dor de ver que se nomeava um substituto. Além disso, em 1500, Colombo não era mais o único descobridor. Restava-lhe a honra de ter sido o primeiro. E o desejo de descobrir algo ainda mais maravilhoso, e selar sua missão de "Portador de Cristo" preparando a libertação da Terra Santa.

Antes de partir pela última vez em viagem de exploração para regiões que esperava estarem repletas de ouro, Colombo passou todo o ano de 1501 na Andaluzia, solicitando uma nova missão e sonhando com os desígnios de Deus. Ora estava em Granada, junto aos soberanos que residiam no Alhambra e que, preocupados com as questões da Itália, não se apressavam em atender a seus desejos; ora estava em Sevilha, na cartuxa de Las Cuevas, onde estivera pela primeira vez no inverno de 1497-98. Situada às margens do Guadalquivir, cercada de belos jardins irrigados, Las Cuevas era elogiada por todos os viajantes da época como um lugar paradisíaco, "de onde é fácil elevar-se até o céu". (Alguns anos mais tarde, Inácio de Loiola pensou em retirar-se para lá.) O genovês teve um grande amigo na pessoa do padre Gaspar Gorricio, que se tornara seu conselheiro espiritual e seu guia em exegese bíblica.

Foi, assim, um ano de intensa fermentação religiosa, em que o caráter de iluminado do Descobridor acentuou-se.

Depois que Colombo deixara a Espanha, três anos antes, muitas perspectivas novas, comerciais e religiosas, tinham-se desenhado. A rota das Índias pela África acabava de abrir-se para Portugal, graças ao grande périplo de Vasco da Gama, que, contornando a África, atravessara o oceano Índico e atingira Calicut; era o caminho do ouro e das especiarias, que Colombo tanto quisera abrir através do oeste! No ano de 1500, o Brasil foi descoberto e atribuído à coroa de Lisboa, em virtude de sua posição a leste da linha de demarcação. Navegadores castelhanos completaram a exploração costeira feita por Colombo em Paris em 1498 e atingiram o golfo de Darién, na base da América Central. Começava-se a entrever que a América do Sul constituía um verdadeiro continente (acreditando-se que ele estava ligado à Ásia), como o genovês fora o primeiro a sugerir. O mapa-múndi de Juan de la Cosa, estabelecido no ano de 1500, deixa perceber essa suposição e não cai no erro de Colombo de ligar Cuba à "terra firme". Mas a volta ao mundo ainda não tinha sido realizada, e Colombo retomou esse projeto, que tivera de abandonar em 1494, quando da exploração de Cuba. Apenas temeu ser ultrapassado por Vasco da Gama, que, no começo de 1502, partia de novo para as Índias...

O conhecimento completo da terra podia pois, naqueles anos, parecer de uma realização bastante próxima. Com essa idéia, o espírito nunca em repouso do "Portador de Cristo" arquitetava sonhos grandiosos. Joaquim de Flore, o santo eremita do século XII, cuja influência foi imensa até o século XVI, não predissera que a humanidade entraria numa terceira idade, quando a Igreja visível, renovada por uma ordem religiosa (com a qual os franciscanos se identificaram), faria reinar o Evangelho eterno sobre o mundo inteiro? Haveria, então, o fim do mundo. Mas antes, era preciso, evidentemente, que desaparecesse a "seita de Maomé".

O momento fora bem escolhido para relançar *a grande questão*, que Colombo sempre ligara ao empreendimento das Índias: a reconquista do Santo Sepulcro. Como o perigo turco fizera-se novamente sentir, o papa Alexandre VI proclamara uma bula de cruzada no ano de 1500. O Almirante aproveitou essa ocasião para escrever ao Santo Padre (início de 1502). Falou-lhe de suas viagens passadas e daquela que ia empreender *para a exaltação da religião cristã*, e lembrou que, *se Satã não tivesse tudo destruído*, ele já teria podido fornecer 120 quintais de ouro aos Reis, para a cruzada.

Mas Fernando e Isabel é que precisavam ser convencidos. Um oráculo (apócrifo) de Joaquim de Flore corria há muito tempo na península, dizendo que *devia vir da Espanha aquele que repararia a arca de Sião*. Colombo não deixava de lembrá-lo aos soberanos.

Em 1501, apesar da oftalmia que o fazia sofrer, ajudado pelo padre Gorricio em suas pesquisas de referências, empreendeu uma compilação intitulada *Livro das profecias*, manuscrito de 84 folhas, das quais quatorze desapareceram, conservado na Biblioteca Colombina: pretendia levantar na Bíblia e em seus comentaristas todos os trechos que se referissem à *recuperação da Cidade Santa ae Sião e à conversão das ilhas das Índias e de todos os povos*. O prólogo do manuscrito é o rascunho de uma carta dirigida a Fernando e Isabel. Primeiro ponto dessa carta: Colombo lembrava a sua missão de Descobridor:

Nosso Senhor abriu-me o entendimento como que tocando-me com sua mão: compreendi que era possível navegar daqui até as Índias... Quis Ele fazer um milagre evidente com o sucesso dessa viagem, a fim de encorajar-me, a mim e a muitos outros, no que diz respeito à outra questão: a da Santa Casa de Sião... Na empresa das Índias, nem razão, nem matemática, nem mapa-múndi me serviram de nada: mas devia cumprir-se o que disse Isaías.

(Não era a primeira vez que Colombo invocava Isaías a propósito das Índias. É provável que ele estivesse pensando nas predições referentes às "ilhas longínquas", por exemplo: "... a Társis, a Phul, a Tubal e a Javan, às ilhas longínquas que nunca ouviram falar de mim... eles farão conhecer a minha glória", LXVI, 19.) Segundo ponto: *a restituição da Casa de Sião à Igreja*. Colombo anunciava que iria reunir as "àutoridades" no que se referisse à evangelização total do mundo.

Atenho-me à Sagrada Escritura e às profecias dos santos que falaram por revelação divina. É possível que Vossas Altezas e aqueles a quem este escrito [o Livro das Profecias] *será mostrado me reprovem por não ser eu um letrado, mas um marinheiro sem instrução e um leigo. Responderei com as palavras de São Mateus: "Senhor, escondestes essas coisas aos doutos e as revelastes aos ignorantes." Digo que o Espírito Santo está em ação não apenas entre os cristãos, mas também entre os judeus, mouros e homens de qualquer seita, e não apenas entre os sábios, mas também entre os ignorantes... Sou um grande pecador, mas a bondade e a misericórdia do Senhor me assistiram a cada vez que o invoquei, e toda a minha consolação é procurar contemplar o seu aspecto maravilhoso... Ninguém deve temer empreender alguma coisa quando o faz em nome do Senhor. Que Vossas Altezas se lembrem de que tinham pouco dinheiro quando começaram a conquista do reino de Granada. Nosso Senhor deixa ao livre arbítrio de cada um a decisão a tomar. Ele deseja ver o homem agir livremente, e Ele o recompensará.*

Terceiro ponto: o fim do mundo se aproximava.

Fazem-se grandes coisas no mundo: é o que me ensina a pregação do Evangelho em tantas terras em tempos muito recentes... Santo Agostinho diz que o fim do mundo deve ocorrer no sétimo milênio da criação... Ora, faltam-nos apenas cento e cinqüenta e cinco anos.

Que os Reis se apressassem, pois, em realizar as profecias sobre a universalidade da salvação. Essas opiniões de Colombo se harmonizavam certamente com a política antiislâmica dos soberanos, praticada na África do Norte, depois da queda de Granada: a reconquista de Jerusalém, uma preocupação de Fernando em seu leito de morte...

Quanto mais Colombo progredia em seu trabalho de compilação, mais se persuadia de que a restauração da Cristandade estava ligada ao destino de Jerusalém. Todos os salmos e todos os profetas que ele glosava estavam, efetivamente, convencidos da perspectiva de um afluxo dos gentios à capital de Sião, particularmente Isaías, como neste trecho (Isaías, 60, 1-4): "Levanta-te, ó Jerusalém, pois ela chegou, a tua luz, e a glória do Senhor resplandece sobre ti... As nações marcharão à tua luz, e os reis para o esplendor de tua aurora."

Essas perspectivas universalistas de Israel foram retomadas pela Igreja, "novo Israel" (principalmente na liturgia da Epifania), e eram, pois, parte integrante da fé comum. Mas localizar o triunfo da fé na cidade de Jerusalém representava também uma tendência da época, que só se tornou herética e anti-romana mais tarde, com os *alumbrados* (*iluminados*) da Espanha ou certas seitas luteranas. É preciso lembrar o contexto espiritual da época. Um cardeal, Cisneros, monge franciscano que se tornou chefe da Igreja na Espanha, era o primeiro a pensar que a vitória conquistada sobre o Islã pelos Reis Católicos só seria completa com a reconquista de Jerusalém. Em 1506, ano da morte de Colombo, ele convenceu o rei Fernando a propor um plano de cruzada a seus genros, o rei da Inglaterra e o rei de Portugal; logo, dizia Cisneros, os santos mistérios poderiam ser celebrados sobre o sepulcro de Cristo. Manuel de Portugal deu uma resposta favorável, acrescentando que os portugueses já se comportavam como verdadeiros cruzados, graças ao caminho das Índias, aberto por Vasco da Gama. Quando, três anos depois, Cisneros se tornava o artífice da tomada de Oran aos mouros, foi cumprimentado nestes termos: "Não esmoreças. Abre aos adoradores do Cristo o caminho dos lugares sacrossantos... Os Lugares Santos purificados tornar-se-ão, segundo as palavras de Jeremias, a alegria de toda a terra."

Em tal ambiente, a pretensão constante — e tão sincera — que teve Colombo de ser um enviado de Deus não era julgada exorbitante por eminentes homens de Igreja. O cartuxo Gorricio sentia-se honrado em ajudá-lo a aprofundar-se nos Livros Santos. Já falamos do dominicano Deza, seu primeiro protetor. Um outro irmão pregador, de origem genovesa, Giustiniani, grande sábio que traduzia o saltério em quatro línguas, não hesitava em inserir à margem do salmo 18 uma nota sobre o Descobridor: "Colombo repetia freqüentemente que fora eleito por Deus para realizar a profecia destes versículos: 'Por toda a terra a voz deles se fez ouvir e sua palavra ecoou até as extremidades do globo' " (versículos que a Igreja utiliza na liturgia dos Apóstolos). Precioso testemunho...

A última viagem

Em 1501, Colombo estava com cinqüenta anos. Já era um homem gasto pelas fadigas e pelas preocupações. Como todos aqueles que envelhecem, lembrava-se de seus anos de juventude; para ele, eles se resumiam em sua primeira pátria: Gênova. O embaixador da república lígure junto aos Reis Católicos, Nicolau Oderigo, que ele freqüentava em Granada, tornou-se seu amigo e seu homem de confiança. Entregou-lhe dois exemplares das cópias que mandou fazer do seu *Livro dos privilégios* (isto é, as *Capitulações* de Santa Fé, o ato de morgadio etc.). *O Senhor Oderigo, que conhece melhor do que eu os meus próprios negócios, saberá guardá-los em lugar seguro*, escreveu ele ao banco São Jorge de Gênova, em 2 de abril de 1502.

Ainda que meu corpo esteja aqui, meu coração está sempre lá. Nosso Senhor me fez a maior graça que já fez a alguém, desde os tempos de Davi. As coisas de minha empresa brilham e brilharão ainda no futuro com maior luz. Vou partir para essas Índias, em nome da Santíssima Trindade, e, como sou mortal, deixo instruções a meu filho Diego, para que, sobre todo o lucro que se tirar das Índias, ele vos pague um décimo...

"Vossa glória é mais brilhante do que a de qualquer homem no mundo", respondeu o banco de Gênova. "Pois, por vossa habilidade, vossa coragem e vossa sabedoria, descobristes muito grande parte desta terra e globo do mundo inferior que, por todos os séculos passados, ficara desconhecida aos homens de nossas regiões."

O homem religioso não abafou em Colombo o homem de negócios; aliás, esse é um traço freqüente nesse tipo de *iluminado*. Antes de partir para sua última viagem, tratou de deixar seus papéis em ordem e fez quatro cópias registradas do conjunto de seus privilégios. Um dos exemplares foi para Carvajal, seu representante em Hispaniola; dois outros, como vimos, para Gênova; o último foi depositado, assim como os originais, nas mãos do padre Gorricio, na cartuxa de Las Cuevas, e também o segundo testamento que redigiu em 1º de abril, hoje desaparecido.

O filho mais velho do Almirante, Diego, estava agora com vinte anos. Coube a ele receber as somas que Carvajal devia enviar das Índias. Como bom pai de família, Colombo lhe deixou as seguintes instruções:

Ordeno-te — exortando-te a fazê-lo com espírito de devoção — que dês o décimo de tuas rendas aos pobres necessitados, e, de preferência, àqueles que são nossos parentes. Se agires assim, o necessário nunca te faltará, pois o Senhor o proverá. Ordeno-te que trates bem e honres todas as pessoas com quem tratares, do maior ao menor... Sê misericordioso, e fica certo de que, então, Deus te fará misericórdia... Cuida bem de Beatriz Enriquez, por amor a mim, como farias por tua mãe. Que ela receba de ti, a cada ano, 10.000 maravedis, além do que ela recebe dos açougues de Córdoba... Ordeno-te, sob pena de desobediência, que faças pessoalmente, cada mês, a conta de tudo o que se gasta em tua casa, e que a assines, pois, de outra forma, é perda de servidores e de dinheiro. Ordeno-te que em todas as coisas importantes, consultes o irmão Gaspar [Gorricio]*; que ele se esforce em obter o breve de Sua Santidade para meus negócios* [tratava-se de obter a nomeação de missionários] *... e que, nessa empresa das Índias, ele gaste todo o dinheiro que for necessário para o bem da fé.*

Em 14 de março, o Almirante recebeu a autorização real de partir em viagem de exploração para as Índias. A região não foi especificada, mas previa-se a eventualidade de um encontro com Vasco da Gama no meio do globo! "Nós vos enviamos uma carta para o capitão português, que partiu para o levante, e na qual nós lhe informamos a vossa partida para o poente; se vos encontrais no caminho, deveis tratar-vos como amigos." Os soberanos aprovavam pois o projeto que Colombo vai tentar realizar: chegar ao mar das Índias propriamente dito (e ao Quersoneso de Ouro, que corria o risco de cair sob domínio português), navegando para oeste, além da "terra firme" já explorada. O Almirante recebeu também instruções para que não fosse à Ilha Espanhola (onde acabara de desembarcar o novo governador, Ovando), salvo em caso de extrema necessidade.

Colombo levava seu irmão Bartolomeu, e também seu filho, o jovem Fernando, de apenas treze anos de idade, que fez em sua *História* a narração detalhada da última e mais terrível expedição do Descobridor.

A frota, composta de quatro barcos, levando 140 pessoas, fez-se ao mar em 11 de maio de 1502.

O mau estado de um de seus barcos, o *Santiago*, obrigou Colombo a modificar a sua rota: esperando poder trocá-lo por outro veleiro na Ilha Espanhola, ancorou, apesar das ordens reais, ao largo de São Domingos, em 29 de junho de 1502. Uma imponente frota de 28 navios se encontrava na enseada. Sentindo que chegava o mau tempo, por vários sinais precursores, o Almirante mandou pedir ao novo governador, Ovando, permissão para abrigar-se no porto; recomendou-lhe, além disso, que não deixasse partir a armada no dia seguinte, como estava previsto. O governador recusou-se a receber a mensagem do antigo chefe de Hispaniola. "Deus quis cegar seu entendimento", escreveu Fernando Colombo. "Mal a armada chegou à ponta ocidental da ilha, uma grande tempestade submergiu a nau capitânia, onde se encontravam o comandante Bobadilla e a maior parte daqueles que se tinham rebelado contra o Almirante." Quase todos os navios afundaram com seus ocupantes e enormes quantidades de ouro destinadas à Coroa. Mas três deles escaparam, entre os quais aquele em que se encontrava Carvajal, o representante de Colombo, com as somas que fizera restituir a seu patrão. Extraordinária coincidência, que causou o comentário dos inimigos do Almirante, segundo o qual Colombo "produzira essa tempestade por arte mágica, a fim de se vingar". "Toda a cidade de São Domingos veio abaixo, feita como era de madeira e palha, como se todo o exército dos demônios tivesse escapado do Inferno!", escreveu Las Casas, que se encontrava no local. Quanto a Colombo, teve ele a habilidade de abrigar suas quatro caravelas numa ilhota, e, ainda que danificadas, escaparam daquela noite de horror. *Como Jó, estava eu a ponto de morrer de desespero ao ver que me impediam o acesso a uma terra que eu adquirira à custa de suor de sangue, quando procurava um abrigo para salvar as vidas de meu filho, meu irmão e meus amigos* (carta de Colombo).

No princípio de agosto, as caravelas aportaram na costa da América Central, no cabo Honduras, de que Colombo tomou posse. Certamente ele dispunha dos mapas da Ásia Oriental e Meridional, estabelecidos segundo os dados de Marco Polo e Nicolau Conti (G.E.H. Nunn[1] tentou reconstituí-los, registrando o trajeto imaginário e o trajeto real dessa última viagem do Descobridor); acreditava-se ele entre Mangi (China do Sul) e Ciamba (Anam), de que falara Marco Polo; a exemplo do veneziano, esperava contornar o Lochac (península de Málaca) para encontrar o estreito e penetrar no mar da Índia, que banhava o Quersoneso de Ouro (península de Rangoon).

Tempestades contínuas transformaram essa exploração num verdadeiro pesadelo, a tal ponto que *a tripulação declarou e ainda declara que estávamos enfeitiçados — opinião herética*, escreveu Colombo.

[1] Em *Geographical Conceptions of Columbus*, Nova York, 1924.

Depois de um mês de navegação com vento contrário, o cabo Gracias-a-Diós foi atingido. A costa tomou então a direção norte-sul (Costa Rica atual), o que parece corresponder ao traçado de Ciamba...

25 de setembro. Pausa no porto de Cariai. Os indígenas foram a bordo e usavam jóias de *guanin* como moeda. Ofereceram até duas jovens virgens, *de sete e onze anos, tão livres de maneiras que prostitutas não fariam melhor, e que traziam pós de feiticeira; mandei vesti-las e enviei-as de volta a terra*, escreveu Colombo, sempre preocupado com a decência... Em 5 de outubro, as caravelas penetram na laguna de Chiriqui; infelizmente, não era o estreito procurado, como se pensou de início.

Mas uma outra era de civilização começava ali: o *guanin* fora substituído pelo ouro puro; os índios levavam ao pescoço grandes discos desse metal precioso. Graças aos intérpretes, o Descobridor ficou sabendo de coisas apaixonantes: um grande oceano (o Pacífico) se abria a oeste, a nove dias de marcha de Chiriqui. Naturalmente, ele o identificou ao mar da Índia.

Na província de Ciguare, junto a esse mar, existem, segundo dizem essas pessoas, grandes quantidades de ouro; os habitantes usam colares de coral, braceletes de ouro e com esse metal incrustam cofres e mesas; têm feiras e lugares de comércio, os navios lá são armados, o povo se veste ricamente e está habituado à guerra.

O Ganges estaria a apenas dez dias de viagem por mar!

A tempestade levou os barcos mais para leste, ao longo da costa do Veragua. Desta vez, o traçado costeiro vai de oeste para leste (o que deve ter parecido surpreendente ao explorador, à procura de Lochac-Málaca; mas ele nada disse). A troca de quinquilharias por ouro se tornava cada vez mais rendosa. *Encontrei mais sinais de ouro nessa terra de Veragua*, escreveu Colombo aos Reis,

do que na Ilha Espanhola em quatro anos. Os senhores se fazem enterrar, disseram-me, com o seu ouro... Josefo, em suas Antiguidades, diz que Salomão mandava buscar ouro na Aurea. Penso que as minas da Aurea são as mesmas do Veragua, que se estende a oeste durante mais de vinte jornadas.

Colombo identificara anteriormente a Ofir do rei Salomão com o Haiti; desta vez, identificou o Quersoneso de Ouro com o Veragua...

Sempre levado pela tempestade, o Almirante navegou ao longo da costa do Panamá, mas se deteve, em 26 de novembro, em uma pequena baía bem abrigada, que ele batizou com o nome de Retrete, ali ficando durante quinze dias. *Chegando lá*, escreveu ele, *mudei de idéia e decidi voltar às minas de Veragua, esperando que o tempo me permita continuar*. Não se falou mais em procurar o estreito, não porque, como se disse, Colombo não acreditasse mais nisso, mas pela força das circunstâncias.

Enquanto as caravelas recuavam, a tempestade voltou.

Nunca se viu mar tão alto, tão selvagem, tão espumoso. O vento me bloqueava nesse mar transformado em sangue, que fervia como uma caldeira. O céu queimou como louco durante um dia e uma noite. Os raios caíam com um furor pavoroso e todos nós pensávamos que iam incendiar os navios. E a água se precipitava como se fosse um novo Dilúvio.

O mais terrível foi uma tromba d'água em 13 de dezembro, e que Fernando, ainda criança, mas cuja coragem provocava a admiração do seu pai, assim descreveu: "Essa tromba fez subir a água até as nuvens, numa coluna mais larga que um tonel, e torceu-a como um turbilhão. No momento em que ela passou perto dos navios, os marinheiros se puseram a recitar o Evangelho segundo São João." O Almirante teria desembainhado a sua espada, e, segurando a Bíblia com a mão esquerda, traçado no céu uma grande cruz. Imagem impressionante.

No dia 6 de janeiro, Colombo ancorou numa enseada admiravelmente abrigada, defendida do alto-mar pela barra de um estuário fluvial. Em honra da festa da Epifania, o lugar recebeu o nome de Belém, que conservou. Lá, fez-se uma pausa, para tentar recuperar os navios, que os vermes dos mares tropicais haviam começado a roer e perfurar. Como o ouro abundava e os índios se mostravam amigáveis, Colombo decidiu fundar um estabelecimento, conforme as instruções reais. Seu irmão o chefiou; iniciou-se a construção de uma aldeia. Mas as relações com os indígenas se deterioraram. No mês de abril, três das caravelas atravessaram a barra e prepararam-se para a partida, deixando na enseada a *Gallega*, que ficou com Bartolomeu. Colombo enviara o capitão Tristan em terra, para buscar água. Este foi assaltado pelos índios e morto, assim como seus companheiros. A bordo da nau capitânia, inquieto por não ver voltarem seus homens, e, além disso, doente de impaludismo, o "Portador de Cristo" teve uma visão, que relatou em termos de um patético grandioso:

Eu adormecera gemendo quando ouvi uma voz muito compassiva que me dizia: "Ó tolo, homem lento a crer e a servir teu Deus, o Deus de todos! O que fez Ele a mais para Moisés ou para Davi, seu servidor? Desde o teu nascimento, ele velou por ti. Quando chegaste à idade conveniente, ele espalhou tua fama sobre a terra. Deu-te as Índias, que deste a quem querias. Os laços do Mar Oceano estavam apertados com fortes cadeias; Ele deu-te as suas chaves. O que fez Ele a mais para o povo de Israel, quando o fez sair do Egito? E para Davi, que de pastor tornou-se rei? Volta-te para Ele e reconhece o teu erro: Sua misericórdia é infinita. Tua velhice não será impedimento a grandes coisas. Não tinha Abraão cem anos quando gerou Isaac? Deus não se arrepende de suas promessas... Tudo o que Ele promete, Ele o cumpre com acréscimo. Agora, Ele vai recompensar-te por todos os perigos que sofreste." Ouvi tudo isso como que semimorto e não achava o que dizer, a não ser chorar sobre meus erros. Aquele que falava terminou assim: "Não temas, tem confiança: todas essas atribulações estão escritas no mármore, e têm a sua causa."

Não se pensava mais em abandonar nesses lugares inóspitos uma colônia destinada ao massacre. Três das quatro caravelas, pois a *Gallega*, roída de vermes, não estava em condições de uso, retomaram o mar, em 16 de abril. Devia-se chegar o mais rapidamente possível a Hispaniola, depois à Espanha, em navios novos, pois os cascos faziam água e não podiam ir muito longe.

O martírio do Almirante e de seus companheiros não estava terminado. Em 25 de junho, encalharam na costa norte da Jamaica. As caravelas, "perfuradas como favos de mel", foram arrastadas até a areia e transformadas em habitações, fortificadas contra possíveis incursões.

Mal chegou, Colombo se pôs a redigir uma longa carta, destinada aos soberanos, de que acabamos de citar muitos trechos, relato incoerente, revelador de uma alma agitada e sofredora. Retorno ao passado, lembrança dos privilégios reais recebidos, de sua prisão ignominiosa, da ruptura de seu monopólio. (*Agora, até alfaiates recebem licenças de exploradores.*) Elogio das terras que acabava de descobrir: *Considero insignificante o que foi realizado até agoras nas Índias, em comparação com as minas que ponho agora sob o domínio de Vossas Altezas.* Segue a famosa apologia do ouro: *O ouro é excelente; com o ouro, faz-se tudo o que se quer neste mundo; graças ao ouro, pode-se até fazer com que as almas ganhem o Paraíso.* Isso é apenas uma aparência de cinismo: no pensamento de Colombo, o ouro *resgata* as almas apenas quando é empregado a serviço de Deus. Não ordenou ele a Diego, antes de sua partida, que pagasse a décima parte de suas rendas aos pobres? E, por outro lado, há a cruzada: *Jerusalém e o Monte Sião devem ser reedificados pela mão dos cristãos. O padre Joaquim disse que esse cristão devia vir da Espanha.* E acrescenta: *Há muito tempo que o imperador de Catai pede que sábios o instruam na fé cristã. Quem se oferecerá para essa tarefa? Comprometo-me a conduzi-lo são e salvo até lá, se Nosso Senhor me conceder voltar à Espanha.* Adivinha-se que Colombo continua a sonhar com uma aliança com um Grande Cã convertido, e com uma derrota do Islã...

Peroração patética:

Não tenho mais um só cabelo que não seja branco, e meu corpo não agüenta mais... Que o céu me seja misericordioso e a terra chore sobre mim! No campo temporal, não me resta uma única blanca *a dar no ofertório; no campo espiritual, eis-me isolado, doente, esperando a morte a cada dia, cercado de um milhão de selvagens que nos são hostis; tão afastado dos Sacramentos da Santa Igreja que minha alma será perdida se se separar do meu corpo. Que chore sobre mim aquele que tem o senso da caridade, da verdade, da justiça. Se Deus quiser me tirar daqui, suplico a Vossas Altezas que me permitam ir a Roma e a outros lugares de peregrinação!*

Felizmente, o Almirante encontrou um auxiliar precioso: o gentil-homem Diego Mendez, belo tipo de cavaleiro castelhano, de uma lealdade e de um denodo a toda prova. Mendez conseguiu conquistar a boa vontade dos índios, que se comprometeram a abastecer regularmente os náufragos, em troca das bugigangas cristãs, sempre tão estimadas... Em 7 de julho, Diego aceitou uma missão perigosa: ir numa simples piroga até São Domingos, para preparar um barco de socorro. Conseguiu realizá-la, mas em Hispaniola levou oito meses para obter um barco. Sem notícias até março de 1504, os náufragos podiam acreditar-se abandonados por todos. O Almirante estava preso ao leito pela gota. A inação fazia fermentarem os espíritos. Os irmãos Porras, um deles tesoureiro da expedição, o outro comandante de uma caravela, afirmavam que o genovês permanecia voluntariamente na Jamaica, pois estava sujeito ao banimento se voltasse à Espanha; assim, obtiveram a adesão dos descontentes. Em 2 de janeiro de 1504, cena dramática, contada por Fernando Colombo e Las Casas: uns cinqüenta conjurados armados foram até a popa do navio e entraram na cabine onde Colombo estava deitado. Francisco Porras o interpelou: "Senhor, por que não quereis ir para Castela? Desejais ver-nos todos morrer aqui?" Colombo replicou: *Vedes a impossibilidade em que estamos de fazer a travessia até que Mendez nos envie um navio em que embarcaremos. Deus é testemunha de que o desejo mais do que ninguém, pois estou obrigado em consciência a dar contas a Deus e aos Reis de cada um de vós.* Então, Porras sai gritando: "Sigam-me aqueles que querem ir para Castela!" Secessão desse grupo de homens, que, aliás, encalharam ao tentar partir em pirogas e se instalaram em outro local da ilha.

Também com os índios, a situação podia agravar-se. As quinquilharias se esgotavam e eles se cansavam de trazer todos os dias pão de farinha de mandioca. Colombo imaginou um estratagema de grande estilo. Sabia, por ter folheado um volume de Efemérides, de autoria de Abraão Zacuto, cujo exemplar chegou até nós, que deveria ocorrer um eclipse da lua na noite de 29 de fevereiro de 1504. Convocou então para aquela noite todos os caciques das redondezas e dirigiu-lhes um sermão: o Deus do céu se prepara para castigá-los por sua má vontade para com os cristãos, e vai enviar-lhes um sinal nesta mesma noite, fazendo desaparecer a lua. Efetivamente, o disco lunar começou a diminuir... Pavor dos índios, que suplicam ao homem branco que interceda junto ao seu Deus. Como perfeito ator, Colombo se retirou para sua cabine, mediu calmamente na ampulheta a duração do eclipse (o que lhe permitiu um cálculo de longitude por uma vez quase exato) e, quando viu que o término se aproximava, mostrou-se de novo, garantindo que Deus se acalmaria se os índios se comprometessem a alimentar os cristãos. E aí a lua reapareceu... O efeito foi, naturalmente, fulminante...

Afinal, em março, chegada de uma pequena caravela, enviada pelo governador Ovando, insuficiente para repatriar todos os náufragos, mas portadora de uma mensagem de Mendez, dando ciência do envio próximo do barco de socorro. Muito magnânimo, o Almirante mandou informar aos rebeldes esse próximo acontecimento. Mostraram-se tão arrogantes, que se travou um combate. Vencedor, Colombo concedeu a todos o perdão. Em 29 de julho de 1504, um ano após o encalhe, uma caravela conduziu todos a São Domingos. O antigo governador de Hispaniola recebeu uma acolhida não mais do que adequada, por parte de Ovando, que não se apressara a lhe prestar socorro. Logo que foi possível, Colombo voltou para a Espanha com seu irmão e seu filho, que se haviam comportado tão valorosamente. Em 7 de novembro, desembarcava em Sanlucar. Nunca mais tornaria a ver as "Índias"...

Colombo viveu apenas mais um ano e meio. Deve-se abandonar a imagem romântica, que tanto seduziu um Léon Bloy e um Claudel, do homem genial morrendo na obscuridade, no esquecimento e na miséria. Até o fim, o Almirante conservou amigos fiéis, entre os quais personagens importantes. E recebeu grandes somas sobre as rendas das Índias — com atrasos e incompletamente, é verdade.

O patético é vê-lo, mês a mês, apesar do declínio de suas forças, lutar pela restituição integral de seus privilégios. Escreveram-lhe os soberanos, logo antes da sua partida para a última expedição: "Os favores que vos fizemos vos serão inteiramente conservados, segundo a forma e o teor de vossos privilégios; vós e vossos filhos deles gozareis, como é justo, e poremos vosso filho na posse de tudo." Esta carta fora cuidadosamente entregue por Colombo ao padre Gorricio, guardião de seus papéis, em Las Cuevas... Seu filho Diego vivia na Corte, ligado à casa da rainha; há mais de dois anos, os soberanos projetavam fazer esse futuro almirante desposar uma jovem de alta nobreza, sobrinha do duque de Alba, o que aconteceu em 1508.

Muito doente para juntar-se aos Reis, na longínqua Medina del Campo, o Descobridor se instalou em Sevilha e enviou à Corte seu irmão Bartolomeu e seu filho Fernando. *Considera muito o teu irmão*, escreveu ele a Diego. *Ele tem um bom temperamento e não é mais uma criança. Não seria demais ter dez irmãos. Nunca achei melhores amigos que meus irmãos.* E recomendou a seu herdeiro que permanecesse junto aos soberanos *para tratar de nossos negócios*.

Três semanas depois da chegada à Espanha de Colombo, a rainha expirou a 26 de novembro, aos 53 anos de idade, a mesma do almirante. Ao sabê-lo, ele se lamentou de *notícias tão contrárias ao que deseja a minha alma. Mas*, acrescentou ele, *eis a rainha longe deste mundo áspero e fatigante!* Durante algum tempo, ele esperou, inutilmente, que a rainha tivesse falado dele em seu testamento e ordenado que lhe fosse de novo atribuída *a posse das Índias*.

Até a primavera de 1505, o artritismo generalizado de que sofria — a gota — só fez piorar. Escreveu cartas e cartas a Diego: Que o Rei se apressasse a pagar o soldo dos homens da tripulação, *pois essas pessoas são pobres e suportaram incríveis fadigas*. Que Diego mostrasse ao rei uma cópia da carta de 1502, onde prometia devolver a ele, Colombo, todos os seus privilégios. Que o rei Fernando instasse o governador Ovando a enviar a Colombo as somas que lhe eram devidas (*deve haver 7.000 a 8.000 pesos*, escreveu o interessado, que controlava bem as suas contas).

Colombo mandou emissários a Medina del Campo. Ora o fiel Diego Mendez, ora, em fevereiro de 1505, Américo Vespúcio, *que sempre se mostrou desejoso de me agradar; é um homem de bem, a quem a sorte foi contrária até agora.* O genovês e o florentino se conheceram provavelmente em Sevilha, na casa de Berardi, que fora sócio comanditário de ambos. Colombo nunca poderia supor que Vespúcio viesse a fazer circular um relato de sua viagem ao Paria, pré-datado de dois anos, para roubar-lhe a prioridade da descoberta, e esse relato teve tanto sucesso que o nome *América* apareceu num mapa, em 1508!

Durante essa correspondência entre Colombo e seu filho, o almirante ficou sabendo que o novo papa, Júlio II, um genovês, *queixa-se de que eu não lhe tenha escrito*. Assim, o Descobridor apressou-se a dirigir ao Santo Padre uma narração de sua viagem, de que enviou cópia ao seu amigo de sempre, o dominicano Deza, que acabava de ser nomeado arcebispo de Sevilha. São realmente ilustres relações...

Com a volta do bom tempo, Colombo teve finalmente a força de pôr-se a caminho, graças à permissão que lhe deram de montar uma mula, meio de transporte reservado estritamente às mulheres e aos eclesiásticos. Foi a Segóvia, onde estava a Corte, teve a alegria de estar ali em família, entre seus irmãos e seus dois filhos; e a satisfação de ser pouco a pouco reembolsado, pois seu amigo o arcebispo Deza, executor testamentário da rainha, zelava para que as obrigações pecuniárias da defunta fossem cumpridas.

Naturalmente, o primeiro cuidado do Almirante foi ter ido beijar as mãos do rei no belo Alcazar de Segóvia. Fernando se mostrou amável, mas reticente. Sobre a questão dos direitos hereditários de Colombo, ele propôs o arbitramento de Deza. Colombo recusou-se a isso com intransigência e escreveu ao rei:

Altíssimo príncipe, Nosso Senhor me enviou miraculosamente a este país para servir a Vossa Alteza; digo "miraculosamente" porque, em quatorze anos, não consegui fazer-me ouvir pelo rei de Portugal... Vossa Alteza houve por bem conceder-me honras e títulos. Agora que minha obra cresce sem cessar, quero crer que Vossa Alteza renovará as graças que me prometeu de viva voz e assinou por escrito. Que Vossa Alteza esteja certo de que, se agir assim, eu o servirei ainda durante estes poucos dias que me resta viver. Espero na graça divina e sinto com certeza que minha obra terá cem vezes mais brilho do que já teve até agora.

Mas era justamente porque as descobertas feitas nas "Índias" tomavam uma proporção insuspeitada que o rei não pretendia, de modo algum, restituir ao seu Almirante as prerrogativas financeiras e governamentais sobre o que se encontrava a oeste da linha de demarcação, como especificara imprudentemente, em 30 de abril de 1493, logo depois da descoberta.

Até o fim, Colombo conservou a esperança de que, ao menos a seu filho, seria restituída a posse de tudo o que lhe era devido. Muitas pessoas de seu círculo tinham a mesma convicção, pelo menos no que se referia ao governo de Hispaniola. Assim, o sempre fiel Diego Mendez:

Um dia, quando Sua Senhoria o Almirante se encontrava em Salamanca, deitado por causa da gota, fui vê-lo e disse: "Vossa Senhoria bem sabe tudo o que fiz por seu serviço... Assim, suplico-lhe que me conceda alguma recompensa." O Almirante me respondeu com semblante risonho que lhe dissesse o que eu desejava. Supliquei-lhe então que me outorgasse o ofício de *alguacil mayor* na Ilha Espanhola, durante toda a minha vida. Ele disse-me que o faria prazerosamente, e que isso era pouco para meus serviços. Pediu-me que o comunicasse a seu filho dom Diego, que ficou muito contente e me disse que, se seu pai me dava esse ofício com uma das mãos, ele o dava a mim com as duas.

Em 1508, a obstinação de Diego venceu a resistência real, e o "segundo almirante" se tornou governador de Hispaniola. Mas Colombo não teve a alegria de assistir ao acontecimento durante sua vida. Depois de muitas petições vãs, escreveu ele estas sábias palavras ao arcebispo Deza:

Já que é patente que Sua Alteza não quer cumprir o que me prometeu, oralmente e por escrito, penso que continuar a luta seria como fustigar o vento; já que fiz todo o possível, convém que eu me entregue agora a Nosso Senhor, que sempre se mostrou muito pronto a socorrer-me.

Três semanas antes de sua morte, Colombo fez um último esforço. Sabendo que a filha e herdeira dos Reis, Joana "a Louca", chegava de Flandres para tomar a sucessão de sua mãe no reino de Castela, mandou para junto da princesa o seu irmão Bartolomeu:

Embora a doença me maltrate sem piedade, ainda seria eu capaz de prestar a Vossa Alteza serviços inigualáveis... Muito humildemente, suplico-lhe que creia em minha boa vontade, esperando ser restabelecido em minha honra, conforme os atos de privilégio que possuo.

A doença de Colombo se agravou bruscamente, em 19 de maio de 1506, quando ele estava em Valladolid, cercado de seus filhos, de seu irmão Diego, dos dois amigos fiéis da Jamaica — Mendez e o genovês Fieschi — e de seus servidores. (Nada que se assemelhe ao albergue miserável, que fez tanto sucesso literário...) Mandou chamar um notário, a quem apresentou o testamento que fizera em Segóvia, no ano anterior, testamento que era apenas o complemento do de 1502, infelizmente desaparecido. Fez-se a sua leitura pelo notário, à ordem de *dom Cristóvão Colombo, almirante, vice-rei e governador das ilhas e da terra firme das Índias, descobertas e por descobrir, assim como declarou intitular-se* [obstinação grandiosa desse moribundo.] Preâmbulo cheio de altivez:

Quando vim servir o rei e a rainha pela descoberta das Índias — seria mais exato dizer que eu lhes "dei" as Índias pela vontade de Deus, pois os importunei muito com esse assunto, que era completamente ignorado e desconhecido por todos aqueles que se consultaram — Suas Altezas gastaram apenas um milhão de maravedis, e foi a mim que incumbiu o resto; assim, Suas Altezas me concederam participar dos lucros das ditas Índias, ao poente de uma linha que vai de pólo a pólo, a cem léguas das ilhas dos Açores e do Cabo Verde... assim como se pode ver em minhas cartas de privilégios.

Cláusulas principais: confirmação do morgado estabelecido em proveito de seu filho mais velho e herdeiro, Diego. Recomendação a Diego para que desse uma parte de suas rendas a parentes pobres, outra parte a seu jovem irmão e a seus tios. Cláusula especial referente a Beatriz Enriquez: *Ordeno a meu filho Diego que lhe forneça tudo o que é necessário para levar uma vida decente. Que ele o faça para aliviar a minha consciência, pois isso muito pesa sobre a minha alma. Não é conveniente dizer aqui a razão...* Que Diego assegurasse a manutenção de três capelães que rezariam missa todos os dias: *uma missa votiva em honra da Santa Trindade, uma outra em honra da Conceição de Nossa Senhora, e uma missa dos defuntos para minha alma, a de meu pai, a de minha mãe e de minha mulher.* Se fosse possível, que essas missas se fizessem em algum lugar da Ilha Espanhola, *que Deus me deu miraculosamente; gostaria muito de que fosse no lugar chamado "Concepción de la Vega", onde invoquei a Santa Trindade* (circunstância que seria desconhecida para nós, sem essa cláusula).

Ao testamento foi acrescentado um texto, igualmente escrito pela mão de Colombo, com o nome de certas pessoas às quais Diego deveria pagar dívidas, *sem, no entanto, que elas saibam de onde virá esse dinheiro.* Todas elas eram genoveses que habitavam em Lisboa (principalmente herdeiros de Paolo Di Negro e de Luís Centurione).

No dia seguinte, 20 de maio de 1506, véspera da Ascensão — bela coincidência litúrgica! — o Almirante pediu a visita de um padre. Um irmão franciscano lhe trouxe a comunhão e administrou a extrema-unção. O "Portador de Cristo" devia, certamente, ter vestido seu hábito de ordem terceira. Consciente até o fim, ele se uniu às preces dos agonizantes e expirou repetindo a última palavra do Senhor: *In manus tuas, Domine, commendo spiritum meum.*

Seu corpo foi primeiramente enterrado no convento franciscano da cidade, depois transferido, três anos mais tarde, por ordem de Diego, para o monastério de Las Cuevas, onde o Almirante encontrara tanto apoio e luz. Em 1541, transferência para a catedral de São Domingos, naquela Ilha Espanhola que o Almirante sempre considerou como sua. Seus despojos ainda estão lá, ainda que se tenha pensado exumá-los por duas vezes: para transferi-los para Cuba e, depois, levá-los para Sevilha. Na realidade, tratava-se dos restos do "segundo almirante", seu filho Diego...

Durante todo o século XVI, a historiografia oficial espanhola inclinou-se para uma tendência desfavorável a Colombo, em razão do processo interminável que opôs os herdeiros do Almirante à Coroa.[2] Seus detra-

2 Ver Marcel Bataillon, *L'Entreprise de Colomb défigurée sous Charles Quint*, Institut de France, 1954.

tores tentaram, por um lado, negar a paternidade de seu projeto e o mérito de sua realização, por outro, limitar o alcance de sua intenção à descoberta de algumas ilhas, e não das Índias. Esses preconceitos se transmitiram à crítica moderna, que nasceu no século XIX, antes que se conhecesse a *História das Índias* de Las Casas; e agora é difícil livrar o personagem de Colombo de uma certa feição de mistificador, que lhe foi atribuída. Certamente, pode-se acusá-lo de exagero imaginativo, mas, quanto mais se entra em sua familiaridade, mais se percebe a sua perfeita sinceridade.

Em conclusão, retomemos os dois títulos de glória que Colombo teria reivindicado à posteridade: o Descobridor e o Portador de Cristo.

Descobridor, mas não conquistador nem construtor. *Devo ser julgado como um cavaleiro, não como um administrador*, escreveu ele em sua defesa de 1500. "Cavaleiro", sim, à maneira de um Dom Quixote, não à maneira dos conquistadores que caíram sobre as Américas "como um vôo de aves de rapina", intrépidos e cruéis.

Corajoso e paciente, ele o foi, mas no mar. Só no convés de seu navio tinha ele o pleno domínio de si e de seus homens. (Lemos acima que num dia de Natal, em 1499, desesperado com a ingratidão dos seus, abandonou sua vice-realeza e subiu "a uma pequena caravela" para encontrar solidão e calma.) Em terra, não teve a audácia que levou um Cortez ao México, após ter-se cortado de suas bases e queimado seus navios; ou de um Pizarro lançando-se, com apenas 180 homens, ao assalto dos Andes e do império inca. Nada dessas incursões gigantescas, nem desses riscos sobre-humanos. Os combates que Colombo teve que travar contra os índios do Haiti não foram tão perigosos e, aliás, é provável que ele mesmo não tenha vestido a couraça.

Quando chegava a algum lugar, só pensava em partir de novo, em "seguir o apetite e a inclinação que Deus lhe dera", como diz Las Casas, para descobrir sempre mais. É quando dirige as manobras de sua caravela, quando se detém em tal ou qual promontório para lá erigir uma cruz, quando anota cada noite em seu diário de bordo suas aventuras e suas esperanças que ele é verdadeiramente ele mesmo, observador sagaz e sonhador pleno de lirismo.

O título a que ele se apegou essencialmente, e que prescreveu a seu herdeiro adotar como única assinatura, foi o de Almirante.

Almirante do Mar Oceano: aplicou-se ele, com a maior obstinação, em obter dos soberanos espanhóis que essa honra lhe fosse concedida em caso de sucesso. Para um marinheiro, e um genovês, isso devia representar muito. Houve uma linhagem de almirantes genoveses em Castela, os Boccanegra, e outra em Portugal, os Pessanho. Não esqueçamos a frase misteriosa: *Não sou o primeiro almirante de minha família*... Almirante: isso fazia dele o igual do tio de Fernando o Católico, almirante de Castela. Seu poder começava onde terminava o deste último, quando se ultrapassava o meridiano Açores-Cabo Verde: direitos a serem recebidos sobre as tripulações e sobre o trânsito de qualquer navio que penetrasse em sua zona.

Não se pode imaginar Colombo vivendo em terra, levando a existência desses colonos espanhóis que ele instalou no Haiti, trabalhando em seus campos e suas minas, com os índios; nem como construtor de cidades, à maneira de Pizarro, que se apaixonara por sua nova capital, Lima. Ele não tinha laços nem raízes. Os fidalgos desprezavam o Almirante, comentou Las Casas, porque ele não possuía bem senhorial na Espanha. Em 1497, ele recusou um feudo que os Reis lhe propuseram em Hispaniola, *porque diriam que eu reservo para mim as melhores terras*, alegou ele; na realidade, provavelmente porque isso não o tentava. Sem nenhuma dúvida, ele teria amaldiçoado seu neto Luís pela renúncia deste à vice-realeza das Índias em troca do ducado de Veragua.

Se o Descobridor foi grande, o *Portador de Cristo* fracassou, ao menos de imediato. É mais que evidente que o tratamento de que foram objeto os índios — "pacificação" pelas armas, trabalho forçado, quando não redução pura e simples à escravidão — contrariava a evangelização, finalidade primeira e oficial do descobrimento. No entanto, Colombo compreendeu e elogiou as qualidades naturais dos índios — gentileza e generosidade — que os tornavam aptos a abraçarem a fé cristã; interessou-se por seus costumes religiosos e concluiu que eles acreditavam em um Deus criador e retribuidor. Encorajou o frei Raimundo Pané em seu apostolado e inquietou-se, com razão, porque não vinham outros missionários. Insistiu junto a Alexandre VI e depois a Júlio II, para que pudesse designar diretamente evangelizadores, e voltou a essa questão em suas disposições testamentárias.

Não se tratava de uma inquietação estéril. A cláusula de seu testamento de 1498 que pedia a fundação de quatro cátedras de mestres de teologia para o apostolado dos índios foi executada por seu filho e sucessor. Diego criou o colégio de São Domingos, de onde saiu o célebre dominicano Montesinos que, em 1511, num sermão retumbante, proclamou o direito dos índios à liberdade; e foi o início do bom combate, ao qual Las Casas consagrou sua existência.

Portador de Cristo: Como vimos, Colombo entendeu esse título num sentido mais amplo. Claudel o chamou "Agregador da Terra de Deus"; Léon Bloy lhe deu o belo título de "Revelador do Globo". E é exatamente isso. Ele se considerou como um apóstolo dos últimos tempos, indo propor ao Grande Cã a Boa Nova e a aliança cristã, contribuindo para a reconquista do Santo Sepulcro e para a renovação da Igreja em torno de seu berço: Jerusalém. Certamente, suas concepções geográficas sobre a proximidade das Índias o desorientaram. Ele nunca soube que "descobrira a América", pois pensava firmemente que seu Novo Mundo tocava no Antigo, constituindo um único mundo com este. Quando aportou na América do Sul, pressentiu por um momento a novidade desse outro mundo: *mundo desconhecido dos Antigos*, mas situando-o aproximadamente como a Austrália em relação à Ásia, e julgando-o separado da "terra firme" de Cuba por um estreito que procurou desesperadamente em 1503. Se tivesse vivido até 1522, teria visto a expedição de Magalhães realizar essa volta ao mundo com que sonhara e teria compreendido então as dimensões reais do globo.

Era um sonho da Idade Média, essa aliança com o Grande Cã, mas sonho fecundo. Ao invés de chegar a Catai, foi no coração do império asteca que Cortez fez sua irrupção em 1519. Que alegria teria sido para o Descobridor ver um imenso império pagão cair na órbita da cristandade! Certamente, ele teria então partilhado as ilusões desses missionários franciscanos que partiam cheios de entusiasmo para fundar, pensavam eles, uma cristandade dos últimos tempos e renovar os Atos dos Apóstolos. Em 1532, novo acréscimo prodigioso da soberania espanhola com a queda do império inca. Cinqüenta anos depois da morte de Colombo, as vice-realezas espanholas se estendiam desde o México, ao norte, até o Chile, ao sul, e a cruz estava implantada por toda parte. À custa de algumas violências, e isso é uma triste história, mas que tem uma contrapartida na proclamação dos verdadeiros princípios cristãos por Las Casas e seus êmulos, e na elaboração das "leis das Índias", para a proteção dos indígenas...

Que na ordem temporal e na ordem espiritual Colombo tenha podido preparar este futuro, eis o que dá à sua pessoa uma dimensão verdadeiramente profética.

Léon Bloy, em *O Revelador do Globo*, como Roselly de Lorgues (1859), penetrou principalmente no lado visionário de Colombo. Até mesmo um processo foi iniciado em Roma para a sua beatificação! Este dorme nos arquivos do Vaticano, e para sempre.

Certos autores, como Alejo Carpentier, atribuíram-lhe amantes, e até uma paixão culpada pela rainha Isabel. Nada mais absurdo! Os inimigos de Colombo, e ele teve muitos, nunca atacaram seus costumes. No Novo Mundo, onde os conquistadores se comportavam como a soldadesca, a austeridade do Descobridor era uma exceção.

O gênio de Paul Claudel ressuscitou nosso herói em toda a sua estatura de nobreza, paixão e orgulho. Escreveu ele esplendidamente: "Não é somente ele, são todos os homens que têm a vocação do Outro Mundo e dessa margem ulterior, que praza à Glória divina possamos atingir." Pois, assim como Abraão deixou seu país por ordem do Senhor, Cristóvão Colombo se lançou no desconhecido sem ao menos saber se poderia voltar.

APÊNDICE

Cartas de Cristóvão Colombo

Estas cartas, reproduzidas de nosso livro *Les Plus Belles Lettres de Christophe Colomb*, foram escolhidas por serem muito raramente citadas pelos biógrafos e porque nos permitem penetrar na intimidade do Descobridor, mostrando como foram fortes os seus laços familiares. A carta em que se trata de Américo Vespúcio ("a quem a sorte até agora foi contrária") pareceu-nos particularmente curiosa, partindo de alguém que não suspeitava que o nome do florentino viesse a ser dado ao Novo Mundo![1]

[1] Todas as cartas de Colombo, salvo indicação contrária, estão conservadas nos Arquivos das Índias, em Sevilha.

1. *A Antônio de Torres*

Isabela, 30 de janeiro de 1494.

O que vós, Antônio de Torres, capitão do navio *Marigalante* e *alcalde* da cidade de Isabela [primeira cidade construída na Ilha Espanhola, hoje Haiti], deveis dizer e pedir em meu nome ao rei e à rainha nossos soberanos.

Primeiramente, após entregar a Suas Altezas as credenciais que vos dei, beijareis os pés e mãos reais, e recomendar-me-eis a Suas Altezas, como a meus senhores naturais, a serviço dos quais desejo terminar meus dias. Podeis estender o assunto, segundo o que vistes e conheceis de mim.

[...] *Item*. Por cartas que lhes envio, assim como por cartas do padre Boyl [capelão da expedição: trata-se da segunda viagem de descoberta] e do tesoureiro, tomareis conhecimento de tudo o que foi feito desde nossa chegada, longa e minuciosamente. Direis entretanto a Suas Altezas que prouve a Deus conceder-me até agora a graça de encontrar tudo o que eu escrevera, vira e afirmara no passado, e que espero, com a graça de Deus, ver tudo isso se realizar logo e plenamente. Quanto às especiarias, por exemplo, limitando-nos apenas à praia do mar e sem penetrar no interior das terras, começamos já a encontrar alguns espécimes, e podemos, com razão, esperar ainda muito mais. Assim também quanto às minas de ouro, pois apenas dois de nossos homens partiram à sua procura, cada um para seu lado, e sem lá deter-se, pois os que os acompanhavam eram poucos. E encontraram tantos rios rolando o ouro que puderam recolhê-lo com as mãos. O outro, que permaneceu aqui, chama-se Hojeda [ex-pajem da rainha, futuro explorador pago por Colombo]. É um servidor do duque de Medinaceli [grande protetor de Colombo], um jovem muito sério e muito fiel. Foi ele, sem nenhuma dúvida, que descobriu a maior quantidade, conforme seu relatório, afirmando haver tanto ouro em todos os rios, que é difícil acreditar. Suas Altezas podem, pois, dar graças a Deus, que lhes mostra tantos favores em todos os seus empreendimentos.

[...] *Item.* Direis a Suas Altezas, embora eu já lhes tenha escrito, que eu muito desejaria enviar-lhes bem maior quantidade de ouro que se puder recolher aqui. Mas a maior parte de nossos homens caiu doente subitamente. Ora, esta frota não pode permanecer aqui mais tempo, por causa das despesas e porque, para ela, é o momento apropriado para partir e voltar rapidamente, trazendo-nos o que nos falta. Se a partida fosse ainda mais atrasada, aqueles que desejassem voltar não poderiam fazê-lo antes do mês de maio. Eu desejaria ainda reunir os homens válidos, tanto marinheiros quanto colonos que se estabelecem, e ir com eles em direção às minas e aos rios. Mas isso representaria para eles muitas dificuldades e até perigos: percorrer um longo caminho de 24 léguas até as montanhas e os rios que as atravessam, e ficar lá o tempo suficiente para recolher o ouro necessitaria o transporte de muitas provisões, o que só os próprios homens poderiam fazer; ora, não há animais domésticos para fazer isso, e, além do mais, caminhos e passagens não são preparados, ainda que se tenha começado a construí-los. Haveria também um grande inconveniente em deixar aqui os doentes [de escorbuto] nesse estabelecimento tão defendido, onde só existem cabanas, e as provisões e víveres são postos no chão: embora os índios, em presença dos exploradores, se tenham mostrado simples e sem malícia, e continuem a mostrar-se assim, entretanto, como estão sempre junto de nós, não seria prudente correr o risco de perder homens e provisões, o que um só índio poderia fazer, ateando fogo às cabanas com um tição, pois, todas as noites, eles circulam por aqui. Por causa deles, mantemos guardas no campo, enquanto a cidade estiver aberta e sem defesa.

Direis pois às Suas Altezas que, por essas razões, a frota não permanece mais tempo e não lhes enviamos maior quantidade de amostras de ouro.

Item. Direis às Suas Altezas que a causa dessa doença tão generalizada é a mudança de águas e de clima, pois todos são atingidos, mas poucos estão em perigo. Depois de Deus, o melhor meio de conservar esses homens em boa saúde é provê-los de boa alimentação, à qual estão habituados na Espanha. É indispensável que eles tenham saúde, para poderem servir às Suas Altezas. O mesmo se diga quanto àqueles que virão no futuro.

O abastecimento poderia durar até que se tenha colhido o que se pudesse semear ou plantar: trigo, aveia e vinha. Fazemos pouco, neste ano, porque devíamos instalar-nos e logo depois os poucos lavradores que para cá vieram caíram doentes. Aliás, mesmo que estivessem em boa saúde, têm tão poucos animais, e tão magros, que não poderiam fazer muita coisa. Apesar de tudo, semearam um pouco, mais para experimentar a terra, que parece maravilhosa, do que com a esperança de satisfazer em parte as nossas necessidades. Estamos certos, como já se pode ver, de que o trigo e o vinho se darão muito bem nesta terra, mas deve-se esperar a colheita. Se ela for tão boa como prenuncia a rapidez do crescimento do trigo e de alguns sarmentos de vinha que foram plantados, não deveremos invejar a Andaluzia nem a Sicília. O mesmo quanto à cana-de-açúcar, a julgar por algumas mudas que pegaram muito bem. A beleza destas ilhas, tanto florestas, montanhas e águas quanto planícies com rios abundantes é tanta, na verdade, que nenhuma outra terra iluminada pelo sol pode ser melhor nem mais agradável.

Direis às Suas Altezas que uma grande quantidade da bebida que a frota trazia nesta viagem derramou-se, e isto, como geralmente se pensa, em conseqüência do mau trabalho dos toneleiros de Sevilha; e que temos, pois, antes de tudo, necessidade de vinho. Temos por mais algum tempo biscoito e trigo, mas será necessário enviar-nos também uma quantidade razoável deles, pois o trajeto dura muito tempo e não conseguimos distribuí-los todos os dias. E também toucinho fresco e carne defumada que seja melhor do que a que trouxemos. Precisamos de gado vivo: principalmente carneiros, ovelhas, mais fêmeas que machos, alguns vitelos e novilhas. Que cada caravela traga esse gado. Também asnos, burras e éguas para trabalhar a terra e semeá-la, pois aqui não existe nenhum animal próprio para ajudar o homem.

Temo que Suas Altezas não se encontrem em Sevilha para providenciar tudo isso com uma ordem expressa. Ora, é necessário que tudo o que peço chegue o mais depressa possível: a deliberação e a resposta não devem levar mais tempo além do momento favorável para a partida dos navios, pois realmente precisamos de tudo isso até o mês de maio. Direis pois às Suas Altezas que eu vos encarreguei de empenhar o ouro que levais a algum mercador de Sevilha, que adiantará a quantidade de maravedis necessária para carregar duas caravelas de vinho, trigo, e outros víveres para manter e reconfortar nossos homens. Assim, antes da entrada do verão, terão alguma comida fresca, o que é muito importante para os doentes. Temos grande necessidade de uvas secas, açúcar, amêndoas, mel e arroz, em muito grande quantidade; resta-nos muito pouco do vinho que trouxemos. Também esgotamos uma parte dos medicamentos que trouxemos da Espanha.

Tendes em mãos papéis sobre todas essas coisas, assinados por mim, tanto para os sãos quanto para os doentes. Devereis executá-los inteiramente, se o dinheiro bastar, ou no mínimo, para satisfazer as necessidades mais urgentes, de modo que esses dois navios possam nos trazer esses víveres. Quanto ao resto, entendei-vos com Suas Altezas para que ele nos seja enviado o mais depressa possível por outros navios.

Item. Direis a Vossas Altezas que não temos nenhum meio de falar com os habitantes daqui, para dar-lhes a entender as verdades de nossa santa fé, como Suas Altezas desejam, mesmo esforçando-nos com todas as nossas forças. É por isso que embarcamos nesses navios um certo número de canibais, homens, mulheres e crianças, que Suas Altezas poderão atribuir a pessoas capazes de instruí-los em nossa língua; que elas os habituem a servir e os mandem vigiar com mais cuidado que outros escravos, a fim de que eles se desafeiçoem pouco a pouco uns dos outros, e que só falem e se vejam o menos possível. É verdade que, como as populações se freqüentam pouco de uma ilha a outra, há alguma diferença de língua, segundo a maior ou a menor distância; mas, entre as ilhas, as dos canibais são as mais numerosas. Parece, pois, que capturar homens e mulheres e enviá-los para Castela só pode ser uma boa coisa, pois devem eles abandonar de vez esse desumano costume que têm de comer carne humana; em Castela, aprenderão a língua e receberão prontamente o batismo, o que será de grande proveito para suas almas. Ganharemos, além disso, um grande prestígio entre as populações daqui que não têm esse mau costume, quando nos verão capturar aqueles que lhes fazem tanto mal e que eles temem tanto, que um só desses canibais os apavora. Certificamos a Suas Altezas que a vinda de nossa frota para cá, a vista de tantos belos navios reunidos nos emprestaram uma grande autoridade e nos asseguram toda a segurança para o futuro. Assim, todos os habitantes desta grande ilha e das outras ilhas, vendo o bom tratamento reservado aos que são bons e o castigo que receberão os maus, virão prontamente para nossa obediência, e faremos deles bons vassalos de Suas Altezas. Aliás, por toda a parte para onde vamos, não só eles executam de bom grado o que lhes ordenamos, mas ainda fazem por si mesmos tudo o que pode nos agradar. Finalmente, Suas Altezas podem estar certos de que a vinda de nossa armada a esta ilha terá uma grande repercussão entre os príncipes cristãos, tanto no presente quanto no futuro.

Item. Direis às Suas Altezas em meu nome, e lhes suplicareis humildemente para que estejam atentos às questões referentes à tranqüilidade, à pacificação e à concórdia de todos os que se acham aqui, do que encontrarão a narração ao longo das cartas e outros escritos. Que, ao nomear aqueles que devem servi-los, Suas Altezas escolham pessoas de toda confiança, mais apegadas aos deveres de seu ofício que a seus próprios interesses. A esse respeito, já que tivestes conhecimento de tudo o que aconteceu, podereis expor a verdade às Suas Altezas.

Fazei com que as medidas que Elas tomarem cheguem até nós, se possível, com os primeiros navios, a fim de evitar que se produzam escândalos muito grandes.

Item. Além dos víveres que estão relacionados no papel assinado por minha mão que vos entreguei, seria bom obter cinqüenta pipas de mel de açúcar, de que temos grande necessidade. A melhor estação para obtê-lo se situa entre agora e o mês de abril. Suplicai pois a Suas Altezas para que ordenem nesse sentido e de tal modo que não se saiba em Madeira [ilha pertencente ao reino de Portugal, então muito hostil aos soberanos de Espanha] onde serão providenciados esses gêneros.

Item. Direis às Suas Altezas que, segundo o relatório dos exploradores, os rios encerram muito ouro, mas é evidente que esse ouro se forma na terra, e não nos rios; encontrando essas minas, a água retira delas o ouro misturado com areia. Achou-se ouro em grandes rios, mas também em muito pequenos, que são antes riachos e não têm dois dedos, e logo se encontra o filão de que provém. Seria bom, pois, ter não apenas lavadores para retirar o ouro da areia, mas também mineiros para extraí-los da terra, o que teria melhor rendimento. Seria necessário, pois, que Suas Altezas nos enviassem lavadores e mineiros, dos que trabalham nas minas de Almadén [minas da Estremadura], a fim de que se possa proceder dos dois modos. Aliás, sem esperar a chegada deles, esperamos, graças aos lavadores que temos aqui, recolher, depois que os homens se tiverem restabelecido, uma boa quantidade de ouro, destinada às primeiras caravelas que estiverem de partida.

2. *Ao rei e à rainha*

Da Ilha Espanhola, maio de 1499.

... Quando voltei a esta ilha, acompanhado de tantos homens e munido dos poderes de Vossas Altezas, aconteceu que Roldán [que se rebelara contra os irmãos Colombo] mudara de campo. Eu desejaria travar combate contra ele, mas constatei que a maioria de meus homens tinham tomado o seu partido.

Altíssimos príncipes: quando vim a esta ilha [por ocasião da segunda viagem] trouxe muitos homens para tomar posse das terras. Aceitei-os porque não cessaram de me importunar, dizendo que serviriam melhor do que ninguém. Ora, foi o contrário, como vimos depois, pois foram apenas atraídos pelo ouro e as especiarias que deveríamos achar, pensando que se apanhava ouro com a pá, e que iriam encontrar as especiarias já empacotadas, imaginando que se recolhia tudo na praia, e bastava jogar tudo no navio, de tal modo a cobiça os cegava.

Eles não sabiam que o ouro se encontra nas minas, que as especiarias estão nas árvores, que é preciso, pois, extrair o ouro, e colher e depois tratar as especiarias. Tudo isso, eu lhes explicava em Sevilha, pois eles eram multidão, os que queriam vir, e eu os conhecia a fundo. Eu lhes dizia tudo isso, e os trabalhos que suportam habitualmente aqueles que vão povoar ao longe. Todos me respondiam que partiam realmente com a intenção de estabelecer-se lá e ganhar honra nesta empresa. Mas aconteceu o contrário, como eu disse. Mal chegaram aqui, quando viram que eu lhes dissera a verdade e que sua cobiça não poderia ser saciada, quiseram logo voltar, sem compreender que então seria impossível conquistar e dominar estas regiões. Como não consenti, tomaram ódio de mim, e isso sem motivo, pois eu só os trouxera por insistência deles e lhes dissera claramente que eu vinha para conquistar, e não para voltar imediatamente: com efeito, eu adivinhara suas intenções, como alguém que já tivesse experiência. Tomaram logo ódio por mim porque não os deixei ir para o interior das montanhas, dispersos ou em grupos de dois ou três, ou às vezes sozinhos, pois os índios matavam os que eles encontravam assim dispersos, e teriam matado outros mais, se eu não tivesse agido assim. Sua audácia é tão grande que eles me lançariam fora desta terra, se Nosso Senhor permitisse. Alguns, que em Castela não teriam com que alimentar um servidor, desejariam ter aqui seis ou sete homens para servi-los, e, ainda, que eu lhes pague o soldo. Ora, não é nem razoável nem justo que eu os satisfaça.

Outros, bem um quarto dos que chegaram, vieram sem serem contratados, escondidos nos navios, e tive de contentá-los do mesmo modo. De tal maneira que tive mais dificuldades com os cristãos daqui que com os índios. E hoje, da mesma forma, embora de um lado a dificuldade tenha redobrado e do outro diminuído. Ela redobrou por causa desse ingrato, Roldán, que vivia comigo como todos os que o acompanhavam e a quem fiz tantos favores. A esse Roldán que não tinha nada, eu lhe dei em poucos dias mais de um milhão de maravedis; os outros, que tinham partido recentemente de Castela, tinham recebido de mim bom tratamento e dinheiro. Tudo isso, pois, me magoa. Mas, por outro lado, estou aliviado, pois o resto de nossos homens semeiam e já conseguiram muitas provisões. Estão agora acostumados com a terra, e começam a aproveitar a sua boa qualidade e a sua fertilidade. Contrariamente ao que se dizia até agora, creio que não há terra no mundo que convenha tão bem a preguiçosos e a quem quisesse estabelecer-se aqui (como direi depois, para não sair do assunto).

Nossos homens, chegando aqui, viram pois que não podiam satisfazer sua cobiça, cobiça tão desordenada que foi para puni-la que Nosso Senhor tardou a nos revelar onde se encontram o ouro e outras coisas preciosas. Percorrendo estas regiões, mandei os índios recolherem ouro, e os mais experientes recolheram, em quatro dias, uma medida de uma onça e meia. Tinha eu combinado com todos os da província de Cibao que cada habitante me daria um tributo: homens e mulheres de catorze a setenta anos me pagariam, a cada três luas, uma dessas medidas. Recebi esse tributo até minha volta a Castela. Penso pois que foi o pecado da cobiça que fez desaparecer o ouro. Mas estou convencido de que Nosso Senhor, em sua bondade, não olhará para nossos pecados e, no tempo certo, o ouro voltará para nós em abundância.

Esses homens, quando viram que a realidade não correspondia ao que imaginaram, não cessavam de lamentar-se para voltar à Espanha. Dei-lhes a permissão para isso, cada vez que vinha um navio. Mas, para minha infelicidade, embora tivessem recebido de mim favores e bom tratamento, de volta à Espanha diziam de mim coisas piores que de um mouro, sem nenhum motivo. Fizeram mil alegações falsas, e isso continua até agora. Mas Deus Nosso Senhor, que conhece a minha intenção reta e a verdade de tudo isso, me salvará como fez até agora. Ainda não houve nenhum mal-intencionado a meu respeito que não tenha sido castigado por Ele. É bom, pois, que eu lhe entregue toda preocupação, pois é Ele que dirige tudo.

Na Espanha afirmaram que eu estabelecera a cidade de Isabela no pior lugar da ilha. Ora, pelo contrário, foi no melhor, e todos os índios da ilha concordam. Os que afirmavam isso nunca tinham saído da cidade a mais de um tiro de bombarda e não podiam, pois, sabê-lo. Diziam que morriam de sede. Ora, o rio passa perto daqui, a menor distância que a catedral de Sevilha do Guadalquivir. Diziam que este lugar é dos mais insalubres. Ora, é o mais salubre. Aliás, toda essa região é a mais salubre, mais bem irrigada, o mais favorecido dos climas que existem sob o céu. Não é surpreendente que seja assim, pois ela está no mesmo paralelo que as Ilhas Canárias, na mesma latitude. E, ainda que distantes, elas se parecem, mas não no que diz respeito ao relevo, pois as Ilhas Canárias têm montanhas muito áridas, sem água, sem frutos, sem nada de verde. Foram elogiadas por sábios por causa de seu bom clima e por estarem situadas sob uma boa porção do céu, em tal latitude, como disse. Ao contrário, a Ilha Espanhola, que é muito grande — mais extensa que a Espanha — abunda em planícies, em campos, em florestas, em *sierras*, em muito grandes rios, em águas, em portos, como provará o mapa que foi feito e que enviarei. É inteiramente povoada por homens industriosos, e creio que não existe melhor terra no mundo... Em tudo o que ia mal, acusavam-me contra toda justiça, como disse, a fim de que Vossas Altezas acabassem por me tomar ódio, a mim e à minha empresa. Não teria sido assim se o autor da descoberta tivesse sido um judeu convertido, um desses *conversos* que são inimigos da felicidade de Vossas Altezas. Mas difamaram a minha obra de modo a arruiná-la. Quanto aos partidários desse Roldán, são, na maioria, *conversos*.

Achei necessário mencionar tudo isso. Alguns não deixarão de dizer que não seria necessário mencionar fatos passados e me tacharão de prolixo, embora eu os relate brevemente. Mas sei que tudo isso é necessário, tanto para Vossas Altezas quanto para outras pessoas que ouviram maledicências e mentiras, pois cada uma das coisas que escrevi foi alvo delas. Houve caluniadores, não apenas entre os habitantes da Ilha Espanhola, mas até entre pessoas que nunca tinham deixado Castela, e que podiam fazer chegar até Vossas Altezas as suas más palavras, com muita arte, com o desígnio de me prejudicarem, unicamente por inveja a um pobre estrangeiro. Mas, em todas as coisas, fui socorrido — e ainda o sou por Aquele que é eterno, e que sempre manifestou Sua misericórdia para comigo, grande pecador.

3. *A Juana de La Torre antiga governanta do príncipe herdeiro João*[1]

Novembro de 1500.

Muito virtuosa dama,

Se é novidade para mim queixar-me do mundo, é, entretanto, de uso imemorial que o mundo maltrate os homens. Ele me combateu mil vezes. Até agora, resisti a todas. Mas agora, nem armas nem conselhos me serviram de nada. Ele me joga no chão sem piedade. Mas a esperança n'Aquele que criou todas as coisas me mantém, pois seu socorro sempre foi muito pronto. Já de outra vez, há pouco, estava eu caído quando Ele me levantou com sua destra, dizendo-me: "Homem de pouca fé, levanta-te, sou eu, não temas."

Vim, com amor extremo, servir a estes príncipes. Servi-os de tal maneira que nunca ouvi dizer coisa semelhante.

Fiz-me o mensageiro do novo céu e da nova terra, de que fala Nosso Senhor Jesus Cristo pela boca de São João, após tê-lo feito pela boca de Isaías; e eu os fiz conhecer! Todos me escutaram com incredulidade. Mas Deus deu à rainha minha soberana o espírito de inteligência e uma grande resolução; Ele a fez herdeira de tudo como a uma filha bem-amada. Tomei posse de tudo aquilo em seu real nome. Todos aqueles que desprezaram minha empresa quiseram desfigurá-la, alegando inconvenientes e despesas. Ao contrário, Sua Alteza a aprovou

[1] Existem diversas cópias desta carta; uma delas se encontra no Ministério dos Negócios Estrangeiros em Paris.

e apoiou tanto quanto pôde. Sete anos se passaram em discussões. Nove anos acabam de escoar-se, nos quais executei coisas portentosas e dignas de memória. Mas de tudo isso não se fez nenhum caso. Minha situação é tal que até os miseráveis me ultrajam. Se eu tivesse roubado as Índias e as tivesse dado aos mouros, não poderiam tratar-me pior do que o fazem na Espanha.

Teria eu abandonado esse empreendimento, se isso fosse honesto para com minha rainha. A vontade de Nosso Senhor e a de Sua Alteza fizeram com que eu perseverasse, e, para aliviar um pouco os sofrimentos que ela suportava com a morte do príncipe, o infante João, parti de novo para um novo véu e um novo mundo que, até agora, era completamente desconhecido [alusão à terceira viagem]. Essa viagem ao Paria não foi mais estimada que a viagem às Índias [para Colombo, o Paria-Venezuela é um "novo mundo" que não se confunde com "as Índias"]. Nada de surpreendente nisso, já que o mérito é meu. São Pedro e os outros apóstolos que o Cristo abrasou tiveram que sofrer aqui na terra muitos combates e fadigas. Mas finalmente meus adversários prevaleceram.

Pensei entretanto que a exploração traria alguma tranqüilidade, graças às pérolas que encontrei; que me agradeceriam também pela descoberta de ouro na Ilha Espanhola.

Quando voltei do Paria à Espanhola, encontrei a metade da ilha sublevada; não cessaram, desde então, de lutar contra mim, como se eu fosse um mouro, e por outro lado os índios me atacavam.

Durante seis meses, estive pronto a voltar para Suas Altezas, com as boas notícias do ouro, desejando sair daqui para não ter mais que governar desclassificados que não temem nem a Deus nem ao príncipe. Antes de minha partida da Espanha, eu pedira às Suas Altezas que designassem alguém para exercer comigo a justiça. Minha fama é tal nesta ilha, que mesmo que eu construísse igrejas e hospitais, diriam que são covis de bandidos. Enfim, chegou a São Domingos o comandante Bobadilla [o investigador que ia destituí-lo]. Encontrava-me eu então em La Vega, meu irmão Bartolomeu em Jargua, para reprimir uma revolta. Mas tudo voltara à ordem. O território inteiro se achava em paz e próspero. Logo no segundo dia, o comandante fez as vezes de governador; nomeou oficiais, proclamou que o ouro e os outros produtos sujeitos ao imposto real do décimo dele ficavam isentos por vinte anos, o que é a duração de uma geração. Declarava ele que vinha pagar todos os soldos, quanto a mim e a meus irmãos, ele nos poria a ferros — o que fez! — acrescentando que nunca mais eu voltaria aqui, eu ou qualquer pessoa do meu sangue, dizendo a meu respeito toda a espécie de coisas desonestas e descorteses. Tudo isso, repito, logo no segundo dia, enquanto eu estava longe e nada sabia de sua chegada. A

Roldán e aos de sua companhia, ele enviou cartas reais, assinadas em branco, de que tinha uma quantidade, atribuindo favores e benefícios. Quanto a mim, não me dirigiu nem cartas nem mensagens.

O que teria pensado Vossa Mercê em meu lugar? Que podia eu pensar ao ver que se cumulava de honras a esse Roldán, que procurara despojar Suas Altezas de seu domínio, no meio de tantos perigos? Acreditei de início que seria como foi para Hojeda [antigo escudeiro da rainha, atualmente aliado aos revoltosos]. Escrevi ao comandante para dar-lhe as boas-vindas, dizer-lhe que me preparava a partir para a corte e queria leiloar tudo o que eu possuía. Recomendei-lhe que não se apressasse a conceder isenções. Quanto aos assuntos do governo, eu lhe prestaria contas com exatidão. Mas o comandante se pôs em pé de guerra. Fez com que lhe prestassem juramento — na qualidade de governador por vinte anos, segundo me disseram — todos aqueles que chegavam a São Domingos. Ordenou investigações a meu respeito, sobre tantas vilanias que só se encontram no inferno. Mas Nosso Senhor estava lá para me ajudar, Ele que salvou da fornalha os três jovens. Afirmo que as calúnias de homens indignos me fizeram um mal maior que o proveito que me valeram. É um mau exemplo para o presente e para o futuro. Afirmo sob juramento que muitos homens que partiram para as Índias não mereciam a água do batismo, e agora eles voltam para lá. Quanto a Bobadilla, nunca ouvi dizer que um investigador tenha começado por libertar rebeldes e os tenha tomado como testemunhas contra aquele que detém o governo. Afirmo que, se Suas Altezas mandassem fazer uma investigação geral, apareceria claramente, para sua grande surpresa, por que essa ilha não consegue ter estabilidade. Penso que Vossa Mercê se lembra de que, quando a tempestade me jogou sem velas em Lisboa [na volta da primeira viagem de descoberta], fui acusado de ter ido até lá para dar as Índias ao rei de Portugal. Suas Altezas souberam depois que não fora nada disso, e que tudo era pura calúnia. Embora eu não seja muito sábio, pergunto-me quem pode achar-me tão estúpido que não compreendesse que, nessas Índias minhas, eu só poderia manter-me com a ajuda de um príncipe. Nessas condições, onde poderia eu encontrar melhor e mais seguro apoio senão nas pessoas do rei e da rainha, nossos soberanos, eles que, do nada, me elevaram a tão alta posição, eles que são os maiores príncipes do mundo na terra e no mar. Eles bem sabem que eu os servi fielmente e me conservam privilégios e graças. Suas Altezas até tomaram a seu serviço meus próprios filhos, o que nenhum outro príncipe teria feito, pois onde não há amor, todo o resto cessa.

Já contei como escrevi ao comandante e aos religiosos. Bobadilla mandou pôr a ferros meu irmão Diego e o conduziu numa caravela. Fui tratado do mesmo modo, logo à minha chegada. Depois, foi a vez de meu irmão Bartolomeu. Não pude falar ao comandante, e até agora ninguém teve permissão de falar comigo. Ora, juro que não posso nem mesmo imaginar por que fui jogado na prisão. A primeira coisa que o comandante fez foi apoderar-se do meu ouro em minha ausência, dizendo que queria usá-lo para pagar aos homens. Mas, pelo que me disseram, ele dele se servia em primeiro lugar. O que podia ser fundido, ele o pôs no fogo: assim aconteceu com uma corrente de ouro que pesava 20 marcos. Tive um grande prejuízo com esse caso.

O comandante dedicou-se a tudo o que podia prejudicar-me. Contava eu pagar a todos, sem prejudicar ninguém, com 600.000 maravedis. Ter-me-iam restado 4 milhões, provenientes de rendas, sem tocar no ouro. Tudo isso ele esbanjou, a menos que se tenha servido em primeiro lugar. Suas Altezas poderão julgá-lo quando lhe ordenarem que preste contas. Ele não cessa de dizer que se deve muito dinheiro. É verdade que se deve pagar a todos esses homens, mas a soma não é tão grande.

É fazer-me grande injustiça enviar, para que investigue meus atos, um homem que sabia que, agravando os fatos de seu relatório, ficaria no lugar como governador. Teria sido melhor que Suas Altezas o tivessem enviado dois anos antes, pois eu não estaria assim difamado e não seria assim privado de minha honra. Mas Deus é justo e fará com que as coisas se esclareçam.

Julgam-me como se faria a um governador que administrasse a Sicília ou uma ilha qualquer, provida de regulamentos, onde as leis podem ser inteiramente observadas, sem que se corra o risco de perder tudo: isso é fazer-me uma grande injustiça. Devo ser julgado como um capitão que partiu da Espanha para conquistar nas Índias um povo numeroso e belicoso, de costumes e religiões inteiramente contrários aos nossos, que vive em montanhas, sem reunir-se em cidades. Pela vontade divina, estabeleci o domínio do rei e da rainha nesse outro mundo, e a Espanha, de pobre que era, ficou rica. Devo ser julgado como um capitão que, há muitos anos, carrega as armas sem depô-las um só dia, e por cavaleiros, homens de ação, e não por letrados. Se não, fazem uma grande injustiça, pois nas Índias não há nem cidades nem instituições. Quanto ao ouro, eu disse que daria notícias do que aconteceu: no dia de Natal, achava-me mergulhado em grande aflição, combatido pelos maus cristãos e também pelos índios, pronto a tudo abandonar, até a vida, se fosse necessário. Nosso Senhor me consolou então, miraculosamente, dizendo-me: "Retoma confiança, não percas a coragem e nada temas. Proverei a tudo." Nesse mesmo dia, fiquei sabendo que existiam [no Veragua, onde ele se encontrava] minas que se estendiam por 80 léguas. Alguns lá recolheram num só dia 120 *castillanos* de ouro; outros 90; chegou-se a 200.

Se me enganei, foi sem intenção de fazer o mal e Suas Altezas o julgarão assim. Constato que Elas se mostram clementes para com um mau servidor; tenho, pois, como certo, que usarão de misericórdia para comigo, cujos erros foram involuntários e ocasionais. Porão meus serviços em uma balança, como se fará com o bem e o mal no Juízo Final. Se, no entanto, Elas ordenam que eu seja julgado, o que não penso, e que se investigue sobre as Índias, suplico-lhes humildemente que se enviem para lá, às minhas custas, pessoas honradas que poderão constatar que se encontra hoje, facilmente, em uma hora, o equivalente a 5 marcos de ouro.

Logo que chegou a São Domingos, o comandante se instalou em meu palácio. Apoderou-se de tudo o que encontrou. O que de mais me queixo é que ele tomou-me os meus arquivos. Nunca consegui que me fosse restituída nenhuma peça, por exemplo, entre as que melhor serviriam para me defender. São esses os atos de um honesto investigador? Dizem que toda a sua conduta foi ditada por uma preocupação de fazer justiça. Mas Deus Nosso Senhor tem força e justiça. É ele que castiga as injúrias.

4. *A seu filho Diego*

Sevilha, fim de março de 1500.

Meu caro filho,

Deixo-te o cuidado de substituir-me e administrar tudo o que me diz respeito. O que se refere à minha honra, tu deverás tratá-lo com ordem e deixo-te, para isso, poder diante de um notário.

Todos os meus privilégios e outros escritos foram depositados nas mãos do irmão Gaspar Gorricio [cartuxo amigo de Colombo] assim como um escrito sobre a maneira de dispor dos meus bens, caso seja necessário.

Ordeno-te, pedindo-te que o faças em espírito de devoção, dar a décima parte do dinheiro de que disporás — rendas ou qualquer lucro — a pobres necessitados e de preferência àqueles que nos são aparentados, e, se não estiveram eles onde estás, que reserves o dinheiro para enviá-lo a eles. Se agires assim, o necessário nunca te faltará, pois o Senhor o proverá.

Ordeno-te que trates bem e honres a todas as pessoas que freqüentares, do maior ao menor, pois todas elas são cristãs e pertencem ao povo de Deus Nosso Senhor: Ele mesmo te honrará e te favorecerá se honrares seu povo, mas se maltratares alguém, Ele também te maltratará, e se tu afligires alguém, Ele te afligirá, por sua vez. Assim pois, sê misericordioso e fica certo de que Deus te fará misericórdia.

Serve com muito amor ao rei, à rainha e a seus filhos. Não os importunes com os papéis que eu lhes deixei, embora eles me tenham dito que eu os reclamasse. E isso até que Nosso Senhor haja por bem trazer-me de volta são e salvo.

Zela com grande cuidado por Beatriz Enriquez, como farias por tua mãe [Beatriz era madrasta de Diego e mãe de Fernando Colombo]. Que ela receba de ti, a cada ano, 10.000 maravedis, além do que ela recebe dos açougues de Córdoba. A Violante Nuñez Moniz [irmã da primeira mulher de Colombo] paga, a cada ano, em três vezes, 10.000 maravedis.

Ordeno-te, sob pena de desobediência, que em todas as coisas consultes o irmão Gaspar Gorricio. Que ele se empenhe em obter o breve de Sua Santidade o papa referente aos meus assuntos. Que ele aja para o bem da fé nessa empresas das Índias, e que ele gaste todo o dinheiro que for necessário.

No que diz respeito ao teu casamento [Diego desposará mais tarde a filha do duque de Alba], se Suas Altezas te falam ou te fazem falar dele, responde-lhes que eu lhes suplico que deixem o assunto em suspenso, até que Nosso Senhor me traga de volta para cá.

Dom Diego, meu irmão, mora em Cádis. Será necessário que tu lhe forneças o dinheiro que Nosso Senhor te dará para ele, pois é meu irmão e sempre se mostrou muito dócil para comigo. Deves esforçar-te em obter para ele, de Suas Altezas, algum cargo na Igreja: um canonicato ou outra coisa.

5. *Ao Banco São Jorge de Gênova*[1]

Sevilha, 2 de abril de 1502.

Muito nobres senhores,

Embora meu coração esteja aqui, meu corpo está continuamente lá. Nosso Senhor me fez a maior graça que Ele tenha concedido a alguém desde Davi. As conseqüências de minha empresa brilham com grande luz e brilharão ainda mais no futuro. Vou partir em nome da Santíssima Trindade, depois voltarei. E, como sou mortal, deixo como instrução a meu filho Diego que, sobre todo o lucro que se tirar das Índias, ele vos envie a décima parte todos os anos, e à perpetuidade, para o pagamento do imposto sobre o trigo e o vinho e as outras vitualhas. Se esse décimo é grande, aceitai-o. Se não o é, aceitai minha boa intenção.

Peço-vos considerar meu dito filho como recomendado.

O Senhor Nicolau Oderigo [embaixador da república de Gênova junto aos Reis Católicos] conhece os meus negócios melhor do que eu mesmo, e enviei-lhe cópia de meus privilégios e cartas, a fim de que os ponha em lugar seguro. Eu gostaria de que os vísseis.

Que a Santa Trindade guarde vossas nobres pessoas e favoreça vosso muito magnífico esforço.

1 Carta conservada ainda hoje na prefeitura de Gênova.

6. *A seu filho Diego*

Sevilha, 21 de novembro de 1504.

Caríssimo filho,

Recebi tua carta pelo correio. Fizeste bem em ficar na corte, para continuares a ocupar-te de meus negócios [a recuperação integral de seus privilégios].

O senhor bispo de Palencia [Diego Deza, que foi o primeiro a encorajar Colombo, em Castela] sempre me foi muito favorável e sempre desejou que eu fosse honrado. É preciso agora pedir-lhe que ache remédio para todos os prejuízos que sofri, para que sejam pagas as somas que Suas Altezas me concederam, em reparação de tantas injustiças que me fizeram. É absolutamente seguro que, se Suas Altezas agirem assim, sua fortuna e sua honra receberão um maravilhoso acréscimo.

Os 40.000 pesos de ouro, acredita, são apenas uma amostra, pois poder-se-ia ter obtido muito mais, se Satã não tivesse tudo perturbado, levantando obstáculos ao meu desígnio. Quando fui expulso das Índias, estava a ponto de fornecer uma soma muito mais considerável.

Posso afirmar sob juramento (mas guarda isto para ti) que, nas somas que Suas Altezas me destinam, sempre falta, cada ano, 10 milhões de maravedis, e isso nunca se recuperará.

Escrevo a Diego de Deza, bispo de Palencia, anunciando-lhe minha chegada à corte. Certamente, a idéia de viajar me causa um grande temor, pois o frio é contrário à minha doença [a gota] e temo ficar no caminho.

É certo que servi às Suas Altezas com a diligência e o amor que se empregam para ganhar o Paraíso. E, se houve um fracasso, foi por impossibilidade maior ou porque meu saber e minhas forças não puderam fazer mais. Nosso Senhor, nesses casos, só pede aos homens sua boa vontade.

Eu levara, em minha última viagem, os dois irmãos Porras [os que fizeram secessão quando Colombo encalhou na Jamaica]. Na Jamaica, eles se mostraram mais arrogantes do que nunca. Prodiguei-lhes mil benevolências, mais do que teria feito a parentes. Ora, eles se comportaram de maneira, que mereceram mais que uma reprimenda. Finalmente, chegaram a tal extremo, que eu não pude evitar o que, efetivamente, aconteceu. As investigações escritas mostrarão bem que eu digo a verdade sobre isso. Assim, fomentaram eles uma sublevação na Jamaica, e fiquei tão surpreendido quanto se os raios do sol se tivessem transformado em treva. Eu estava gravemente doente e eles me fizeram suportar um martírio durante cinco meses, com uma crueldade sem motivo. Finalmente, capturei-os a todos, eles e seu bando, e os libertei, salvo o capitão, que enviei às Suas Altezas como prisioneiro. Uma súplica acompanhada de juramento, que eles me entregaram, te dará mais informações.

Escrevi a esse respeito às Suas Altezas, dizendo que não era decente tolerar semelhantes afrontas. Escrevi também ao senhor tesoureiro, para pedir-lhe que não julgue o assunto, quaisquer que sejam as palavras desses Porras, antes de me ter ouvido.

Recomenda-me à boa vontade de todos, anunciando-lhes que não tardarei a partir para a corte. Gostaria muito de receber uma carta de Suas Altezas e saber o que me ordenam. Tenta ver se a coisa é possível.

Escrevi novamente às Suas Altezas, pedindo-lhes que mandem pagar o soldo a esses homens que me acompanharam, pois eles são pobres e há três anos que deixaram seus lares. As notícias que eles trazem são mais que grandes. Eles atravessaram infinitos perigos e fadigas.

7. *A seu filho Diego*

Sevilha, 1º de dezembro de 1504.

Depois que recebi tua carta de 15 de novembro, não sei mais nada de ti. Gostaria de que me escrevesse detalhadamente, e, a cada hora, eu queria receber uma carta tua. A razão é que, aqui, tudo me desanima. Muitos correios chegam todos os dias, e as notícias da corte são tantas e de tal natureza que meus cabelos se arrepiam quando fico sabendo de coisas tão contrárias a meus desejos. Praza a Deus devolver a saúde à rainha [na realidade, ela já morrera, em 26 de novembro de 1504] para que, com ela, se restabeleça uma situação já bem comprometida.

Enviei-te uma outra carta quinta-feira, há oito dias. Deve estar quase chegando. Nela, eu te dizia que minha partida era certa, mas depois as coisas se modificaram e meu mal é tão agudo e o frio me é tão contra-indicado, que eu não poderia arriscar-me a ficar preso ao leito em algum albergue. A liteira e todo o resto estavam prontos, mas o tempo se mostrou tão terrível que nos pareceu impossível partir num momento desses. Era melhor que eu me curasse e cuidasse de minha saúde do que arriscar minha pessoa numa aventura certamente perigosa.

Nessas cartas, eu te dizia, e te repito ainda, que tiveste razão de ficar na corte para tratar dos meus negócios. Acho que se deve proceder de modo muito razoável. É necessário copiar com bela letra aquele trecho da carta que Suas Altezas me escreveram, em que dizem que ficarão quites comigo e dar-te-ão posse, depois de minha morte, de tudo o que me cabe. Deve-se juntar essa transcrição a um outro escrito, em que falarás de minha doença, de minha impossibilidade de ir agora beijar os pés e as mãos de Suas Altezas. Diga-se também que as Índias estão se perdendo e a desordem é extrema em mil lugares. Acrescenta que eu nada recebi nem recebo dos direitos que me cabem e que vivo de empréstimos. O pouco dinheiro que lá consegui, eu o gastei para conduzir para suas casas os homens de minha tripulação, pois minha consciência ficaria muito sobrecarregada se eu os deixasse e os abandonasse. É preciso dizer tudo isso ao bispo de Palencia, Diego de Deza, e repetir-lhe que tenho inteira confiança em Sua Mercê. Nosso Senhor sabe de tudo isso e fará como quiser.

Meu procurador na Ilha Espanhola, Carvajal, chegou ontem aqui. Queria eu mandá-lo logo para a corte, mas ele se desculpou muito, dizendo que sua mulher estava seriamente doente. Farei com que teu irmão Fernando e teu tio Bartolomeu beijem as mãos de Suas Altezas e lhes prestem contas da viagem, já que as cartas não bastam.

Considera muito o teu irmão. Ele tem um bom temperamento e não é mais uma criança[1]. Não seria demais ter dez irmãos: nunca encontrei melhores amigos que meus irmãos, na boa e na má fortuna.

Devemos esforçar-nos para recuperar o governo das Índias; secundariamente, para recobrar a nossa renda. Deixei-te um relatório com o montante do que me cabe nas Índias. O dinheiro que foi entregue a Carvajal na Ilha Espanhola não é nada. Qualquer um que o queira, transporta mercadorias sem registro, de modo que o oitavo a que tenho direito sobre todas as transações comerciais está reduzido a nada. Esse oitavo me pertence em virtude da graça que Suas Altezas me fizeram, como se vê claramente no *Livro dos privilégios*, que te deixei, assim como o décimo [direito sobre o ouro, pérolas e produtos preciosos]. Ora, só percebo o décimo do que Suas Altezas percebem. Tudo isso está bem claro no meu *Livro dos privilégios*.

Saúda por mim a Diego Mendez [o leal companheiro da Jamaica]. Meu mal só me permite escrever à noite, pois durante o dia ele tira todas as forças de minhas mãos.

Principalmente, escreve-me com muitos detalhes e que Diego Mendez me escreva longamente.

Que Nosso Senhor te tenha em Sua Santa Guarda.

Teu pai, que te ama mais que a si mesmo.

[1] Fernando Colombo se tornará um grande humanista. Sua biblioteca, encerrando muitos livros preciosos, entre os quais os que Cristóvão possuíra e anotara, está conservada no mosteiro da catedral de Sevilha.

8. *A seu filho Diego*

Sevilha, 13 de dezembro de 1504.

Caríssimo filho,

Estou surpreso por não receber nenhuma carta tua nem de quem quer que seja, e todos os que me conhecem partilham o meu espanto. Todos recebem cartas, exceto eu, para quem isso é tão importante. Há razão para ficar preocupado.

O relatório de que te falei é suficiente e é por isso que não me estendo mais. Ei-lo:

Relatório destinado a ti, meu caro filho Diego,
sobre o que convém que faças

É preciso primeiramente recomendar a Deus a alma da rainha, nossa soberana [Isabel, falecida a 26 de novembro]. Ela sempre levou uma vida digna da fé católica, santa e cheia de zelo por tudo aquilo que diz respeito ao serviço de Deus. Podemos pois acreditar que ela está em Sua Santa Glória, longe das atribulações deste mundo áspero e fatigante.

Depois, é preciso manifestar muito zelo e valor, em todas as coisas, a serviço do rei nosso soberano, e esforçar-se para aliviar a sua dor. Sua Alteza é a cabeça da Cristandade. Lembra-te da sentença que diz: Quando a cabeça sofre, todos os membros sofrem. Assim, pois, todos os bons cristãos devem suplicar ao céu que lhe conceda longa vida e saúde; e principalmente nós, que estamos ligados ao seu serviço, devemos aplicar-nos nisso ativamente e com diligência. Escrevo-te hoje, apesar da violência de meu mal, para que Sua Alteza disponha de meus negócios segundo seu serviço. Para isso, envio teu irmão [Fernando] que, embora muito jovem, tem uma inteligência acima de sua idade, e também teu tio [Bartolomeu Colombo] para que, se o que escrevo não bastar, vos entendais oralmente.

Os habitantes dali [das ilhas das Índias] são na maioria de classe baixa e pouco saber, e não se dão conta das dificuldades. O governador [Ovando] é malvisto por todos, e é de temer-se que os homens se amotinem. Se isso acontecer, será muito difícil restabelecer a situação. Minha opinião é, pois, que Sua Alteza deve remediar o problema, nomeando uma pessoa que se entusiasmasse pelo assunto, e partisse para lá em grande pompa, acompanhado de 150 homens, a fim de restabelecer inteiramente a situação.

Corre aqui um provérbio que diz: O cavalo quando vê seu dono retoma o vigor. Aqui ou em qualquer lugar, servirei Sua Alteza com amor, até que minha alma se separe de meu corpo.

Escrevi a Sua Alteza, logo que cheguei aqui, uma longa carta, cheia de solicitações precisas, que pedem um remédio seguro, rápido e vigoroso. Não recebi nenhuma resposta.

Já disse que há na Ilha Espanhola muito ouro, que se guarda em simples cabanas de palha, sem guardá-lo num fortim; que muitos de nossos homens percorrem a região semeando a desordem; que eles estão cheios de hostilidade para quem os governa [alusão ao rebelde Roldan].

Ouvi dizer que logo serão nomeados três bispos para partir para lá. Gostaria de que Sua Alteza houvesse por bem ouvir-me antes, o que seria para o bem de Nosso Senhor.

Só escrevi aqui o que se refere à Ilha Espanhola.

9. *A seu filho Diego*

Sevilha, 5 de fevereiro de 1505.

Caríssimo filho,

Diego Mendez partiu daqui segunda-feira, terceiro dia deste mês. Depois de sua partida, conversei com Américo Vespúcio [Colombo o conhecera na casa do banqueiro florentino Berardi, em Sevilha], portador da presente, que vai à corte para assuntos de navegação. Ele sempre se mostrou desejoso de agradar-me. É um homem de bem, a quem a sorte se mostrou contrária até agora [o futuro lhe reservava compensações!]: as fadigas que ele suportou não receberam sua justa recompensa. Decidiu-se ele a fazer por mim tudo o que lhe for possível. Tudo o que se pode dizer quanto ao meu assunto, eu o disse a ele, informando-o do que me pagaram e do que me pagam.

Esta carta é também para meu irmão Bartolomeu: que ele veja os serviços que Vespúcio pode nos prestar e se entenda com ele. Que Sua Alteza saiba que seus navios estiveram na melhor parte das Índias, a mais rica. E se desejar saber mais, eu lhe darei satisfação oralmente, pois é impossível escrever tudo.

Que Nosso Senhor te tenha em Sua Guarda.

10. *Ao rei Fernando*

Segóvia, maio de 1505.

Altíssimo rei,

Deus enviou-me miraculosamente a este país para servir a Vossa Alteza. Digo *miraculosamente*, pois levara meu projeto ao rei de Portugal, soberano preocupado principalmente com descobertas. Mas Deus lhe fechou os olhos, os ouvidos e todos os sentidos, de tal modo que, em quatorze anos, não consegui ser ouvido por ele. Também digo *miraculosamente*, porque três príncipes dirigiram solicitações à rainha (que Deus tenha em Sua Glória) a propósito de meu plano [trata-se do rei da Inglaterra, do rei da França e do duque de Medinaceli], e um doutor de vosso Conselho as leu para vós. Finalmente, Vossa Alteza, após tomar conhecimento de meu projeto, atribuiu-me honras e privilégios. Hoje, minha empresa abre novos horizontes. Ela crescerá sem cessar, como eu predissera. Vossa Alteza é muito cristão e posso crer, pois concedeu-me privilégios apenas por minhas palavras, que hoje, quando a grandeza de minha obra é manifesta, renovará as graças que me fez e prometeu de viva voz e por escrito. Que Vossa Alteza esteja certo, agindo assim, de que O servirei ainda durante os poucos dias que Nosso Senhor me conservar em vida. Espero na graça divina e sinto com certeza que minha obra terá cem vezes mais brilho no futuro do que tem no presente.

11. *Ao rei Fernando*

Fim de 1505.

Sereníssimo e altíssimo rei,

No caderno que fiz entregar a Vossa Alteza, foram recapituladas as minhas petições; já o disse a Vossa Alteza. Entre suas mãos reais repousa a decisão que concluirá tudo isso e então tudo estará bem.

Meu título de governador, de chefe da Ilha Espanhola, era o capital de minha honra. Foi injustamente que ele me foi retirado. Há muito tempo que Deus Nosso Senhor não fizera tão grande milagre [ao fazer-me descobrir as Índias]. E Ele se mostrou sempre favorável aos que apoiaram meu empreendimento.

Suplico muito humildemente a Vossa Alteza que ponha meu filho em meu lugar e lhe restitua o título e o governo que me pertencem [isso foi concedido a Colombo: Diego tornou-se vice-rei das Índias]: minha honra depende disso. Quanto ao resto, que Vossa Alteza aja em seu próprio bem; e eu lhe serei grato, pois a angústia que me causa o atraso de uma decisão é a principal causa que me mantém inválido e sem forças.

As quatro viagens de Colombo

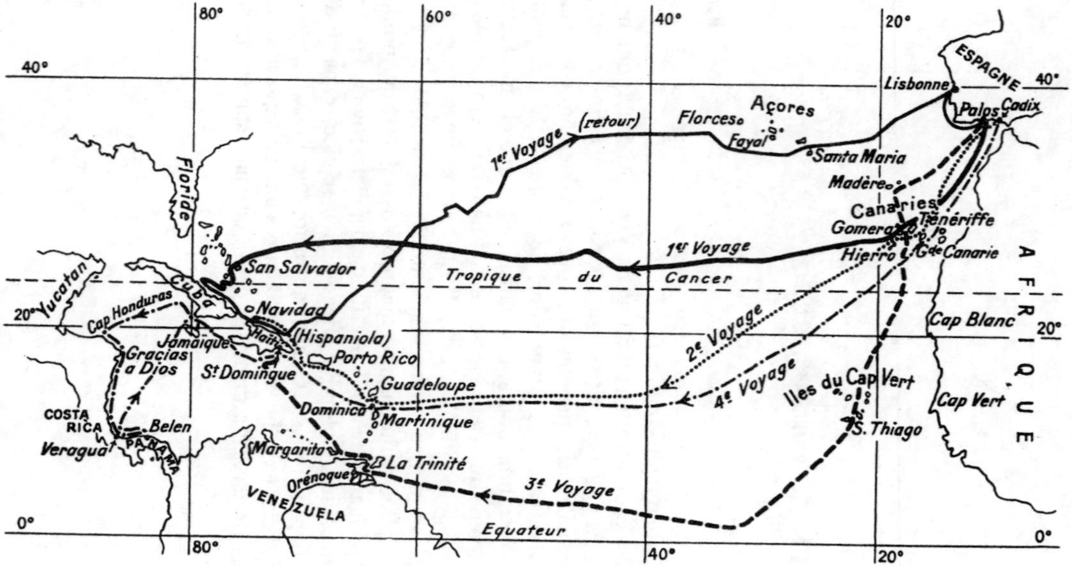

Cronologia

1451	Nascimento de Colombo	Nascimento de Isabel a Católica Nascimento de Américo Vespúcio
1452		Nascimento de Leonardo da Vinci Nascimento de Savonarola
1453		Fim da Guerra dos Cem Anos Tomada de Constantinopla pelos turcos
1454		Bíblia de Gutenberg
1459		Mapa de Fra Mauro
1460		Morte de Henrique o Navegador
1461		Subida ao trono de Luís XI
1469		Casamento de Fernando de Aragão e Isabel a Católica
1474	Viagem comercial de Colombo a Quio	Subida ao trono de Isabel a Católica
1476	Naufrágio de Colombo em Portugal	
1477	Viagem à Islândia	
1479	? Casamento	Tratado de Alcobaça
1481		Subida ao trono de João II de Portugal
1482		Diogo Cão chega à foz do Congo
1483		Subida ao trono de Carlos VIII
1485	Chegada de Colombo à Espanha	
1486	Primeira entrevista com Fernando e Isabel	Tomada de Málaga
1487		Bartolomeu Dias atinge o cabo da Boa Esperança
1488	Nascimento em Córdoba de Fernando Colombo	
1491	Bartolomeu Colombo na França	Nascimento de Inácio de Loiola
1492		2 de janeiro. Tomada de Granada 31 de março. Edito de expulsão dos judeus da Espanha
	17 de abril. *Capitulações* de Santa Fé 3 de agosto. Colombo parte de Palos 9 de setembro. Colombo deixa as Canárias	
	12 de outubro. Desembarca na ilha San Salvador nas Antilhas	Missão portuguesa na Abissínia
	28 de outubro. Descobre Cuba	Martin Behaim constrói um globo terrestre
	6 de dezembro. Descobre o Haiti	

	24 de dezembro. A *Santa Maria* encalha	Início do papado de Alexandre VI Morte em Florença de Lourenço o Magnífico
1493	4 de março. Volta a Palos	2 de maio. *Bula Inter coetera* de Alexandre VI
	25 de setembro. Colombo parte pela segunda vez 12-15 de novembro. Descoberta das Pequenas Antilhas	
1494	maio-setembro. Exploração de Cuba	7 de junho. Tratado de Tordesilhas Subida ao trono de Manuel de Portugal Savonarola apodera-se de Florença Carlos VIII em Nápoles
1496	11 de junho. Volta de Colombo a Cádis	
1497		3 de abril. Casamento do príncipe João, herdeiro de Castela João Cabot descobre o Labrador
	23 de abril. Colombo autorizado a fundar um morgado.	
1498	fevereiro. 1º testamento (ato de morgadio)	Subida ao trono de Luís XII Vasco da Gama dobra o cabo da Boa Esperança
	30 de maio. Colombo parte pela terceira vez 4 de agosto. Penetra no golfo de Paria 31 de agosto. Volta ao Haiti	O *Apocalipse* de Dürer
1499	Rebelião de Roldán	Luís XII em Milão Hojeda, Juan de la Cosa e Vespúcio exploram a Venezuela
1500	23 de agosto. Bobadilla desembarca em São Domingos 25 de novembro. Volta de Colombo a Cádis, acorrentado 17 de dezembro. Colombo recebido em Granada pelos Reis	O Brasil é descoberto por Cabral e atribuído a Portugal Invasão turca à Europa O papa prega a cruzada Nascimento de Carlos V Morte de Savonarola Os *Adágios* de Erasmo Lutero em Erfurt Mapa-múndi de Juan de la Cosa
1501	Colombo trabalha em seu *Livro das Profecias*	1º de janeiro. Américo Vespúcio chega ao Rio de Janeiro
1502	fevereiro. Carta a Alexandre VI	fevereiro. Ovando parte para o Haiti como governador
	1º de abril. 2º testamento 2 de abril. Carta ao banco São João de Gênova 11 de maio. Quarta partida agosto. Tomada de posse do cabo Honduras, na América Central	Vasco da Gama parte de novo para as Índias
1503	6 de janeiro. Parada em Belém (Panamá)	

	25 de junho. Encalhe na Jamaica	
		Albuquerque nas Índias
		Fundação em Sevilha da *Casa de Contratacion*
		Início do papado do papa Júlio II
1504	29 de junho. Colombo é reconduzido a São Domingos	
		Vitória espanhola na Itália
	7 de novembro. Volta a Sanlucar de Barrameda	
		26 de novembro. Morte de Isabel a Católica
	Inverno em Sevilha	Narração de Vespúcio sobre o *Mundus novus*
1505	maio. Em Segóvia	Ceilão e Ormuz caem nas mãos dos portugueses
	3º testamento	Miguelângelo em Roma
1506	20 de maio. Morte de Colombo em Valladolid	
		Começo da cúpula de São Pedro por Bramante
		Morte de Martin Behaim
		Júlio II confirma o Tratado de Tordesilhas

Bibliografia

Para não sobrecarregar o leitor, indicaremos apenas o que nos parece essencial. Publicamos, no *Dizionario biografico degli Italiani* (Roma, 1988), uma bibliografia exaustiva naquela data.

Documentos

A história crítica de Colombo só pôde começar depois da publicação dos documentos referentes a ele e dos que emanaram de sua pena. O erudito MARTÍN FERNANDES NAVARRETE publicou bom número deles nos dois volumes de sua *Colección de viajes y descubrimientos* (Madri, 1825; reed. 1954, na "Biblioteca de autores españoles", t. 75), especialmente todas as ordenações reais relativas ao empreendimento.

A *Raccolta colombiana*, começada em Gênova, sob a direção de C. LOLLIS em 1892, por ocasião do quarto centenário, é uma mina inestimável de documentos (infelizmente pouco manejável em razão de seu formato in-fólio). Comporta ela seis partes, cada uma delas dividida em vários volumes. A primeira se refere aos escritos de Colombo; o terceiro volume é constituído por fac-símiles de autógrafos. Os documentos particulares formam a segunda parte, e as fontes italianas (aproximadamente duzentas relações e crônicas contemporâneas, em que se fala de Colombo) a terceira. As duas partes seguintes são constituídas por monografias (navegação, cartografia, a questão Toscanelli, Américo Vespúcio, etc.). A última é uma bibliografia.

A cidade de Gênova editou em 1931 três volumes in-fólio acompanhados de fac-símiles: *Cristoforo. Documenti e prove della sua appartenenza a Genova.*

Os processos dos herdeiros de Colombo com a Coroa estão incompletamente publicados. Há dois volumes: *Los pleitos de Colón*, editados por C. FERNANDEZ DURO, Madri, 1892 e 1894.

Obras de Colombo traduzidas: *The Journal of Christopher Columbus*, traduzido por C. JANE, revisto por L.A. VIGNERAS, Londres,

Hakluyt Society, 1960; A. CIORANESCU, *Les Oeuvres de Christophe Colomb*, Paris, 1961; M. MAHN-LOT *Les Plus Belles Lettres de Christophe Colomb*, Paris, 1961; *Journals and Other Documents... of Christopher Columbus*, traduzidos e editados por S.E. MORISON, 1963.

Historiadores contemporâneos de Colombo

O primeiro, cronologicamente, é o humanista milanês PEDRO MARTYR D'ANGHIERA, que escreveu em latim as *Décadas sobre o Novo Mundo*. As primeiras edições datam de 1511 (Sevilha) e de 1516 (Alcalá). As duas primeiras *Décadas* se referem a Colombo e são escritas segundo as narrações de testemunhas oculares. PIERRE GAFFAREL fez dessa obra uma excelente tradução francesa comentada (Paris, 1907).

Vem depois GONZALO FERNANDEZ OVIEDO, historiógrafo oficial, grande funcionário nas Índias. A primeira parte de sua *Historia general y natural de las Indias* foi publicada em Sevilha, em 1535. A Academia de la Historia publicou uma edição moderna dessa obra em Madri, 1851-1855. Sua narração é influenciada, como mostrou MARCEL BATAILLON (*"L'idée de la découverte de l'Amérique"* no Bulletin hispanique, t.LV,1953), pelo processo entre a Coroa e os herdeiros do Descobridor. Nessa obra se inspirou a *História* de LOPES DE GOMARA (1552).

Vários contemporâneos utilizaram os abundantes arquivos de Colombo, como ANDRES BERNALDEZ, que teve acesso ao diário da segunda viagem (ver principalmente os capítulos 118 e 131 de sua *Historia de los reyes catolicos*, publicada no tomo CXX da "Biblioteca de autores españoles", Madri, 1958).

A *História* atribuída a FERNANDO COLOMBO reproduz muitos documentos. Suspeitou-se de sua autenticidade e de sua atribuição ao filho do Descobridor, uma vez que não se conhece seu original castelhano, e porque só apareceu depois da morte de Fernando, em tradução italiana (edição moderna, sob essa forma italiana, por Rinaldo Caddeo, Milão, 1930). Em sua parte central, concorda com a narração de Las Casas, que diz tê-la conhecido. O início (gênese da idéia de descoberta) e o fim (quarta viagem, da qual Fernando participou) são seguramente de Fernando. A última edição moderna, em espanhol, por RAMÓN IGLESIAS data de 1947 (Biblioteca Americana, Fondo de Cultura Económica, México, 1947).

BARTOLOMEU DE LAS CASAS, cujo pai conheceu Colombo e que conheceu os filhos do Descobridor, utilizou em sua *Historia de las Indias* uma enorme quantidade de documentos (arquivos de Colombo), e em muitos casos, pode-se verificar a exatidão de suas transcrições.

Ele se situa na ótica "providencialista", como seu próprio herói, e por isso adotamos muitos de seus julgamentos, e é pró-indígena. A *Historia*, utilizada em manuscritos pelo historiador HERRERA em suas *Décadas*, 1601, só foi editada em 1875-1876 (3 volumes, Madri). Há duas edições modernas: por MILLARES CARLO (Biblioteca Americana, México, 1951), e por J. PEREZ DE TUDELA e E. LOPEZ OTO ("Biblioteca de autores españoles", t. XCV e XCVI, Madri, 1957). Falta-nos ainda uma verdadeira edição crítica.

Para penetrar no pensamento de Colombo, devemos nos reportar às obras que ele leu. Possuímos uma excelente edição do exemplar que ele possui da *Imago Mundi*, de PIERRE D'AILLY, devida a R. BURON (Paris, 1930): face a face, o texto latino com anotações marginais e a tradução francesa.

Sobre a representação do mundo na época de Colombo e anteriormente, documentação abundante no tomo III da *Historia de America: genesis del descubrimiento*, por A. BALLESTEROS BERETTA e J. CORTESÃO (Barcelona, 1947). Pode-se consultar com proveito: T.S.E. KIMBLE, *Geography of the Middle Ages* (Londres, 1938); G.E. NUNN, *Geographical conceptions of Columbus* (Nova York, 1924); as considerações já antigas, mas sólidas, de C. JOURDAIN, *De l'influence d'Aristote et de ses interprétations sur la découverte du Nouveau Monde* (Paris, 1888) e do Padre MANDONNET, "Les dominicains et la découverte de l'Amérique", *Revue thomiste*, I, 1893.

Obras consagradas ao Navegador

São elas inumeráveis. Eis algumas:
HENRI VIGNAUD, *Histoire critique de la grande entreprise de Christophe Colomb* (2 vols., Paris, 1911), que fornece os documentos e as bases de discussão, mas cujas conclusões pejorativas estão hoje desacreditadas.

SAMUEL ELIOT MORISON, *Admiral of the Ocean Sea* (2 vols., Boston, 1942, e Buenos Aires, 1945), admiravelmente informado, e que dá sobre cada ponto uma bibliografia (edição francesa abreviada e sem notas, Paris, 1958).

A. BALLESTEROS BERETTA, *Cristobal Colón y el descubrimiento de America* (2 vols., Barcelona-Buenos Aires, 1945), que procede do mesmo modo.

ERNST GERHARD, *Columbus* (Bremen, 1956), bons julgamentos, com bibliografia atualizada;

DIEGO LUIS MOLINARI, "*La empresa colombina y el descubrimiento*" (estudo publicado no tomo II da *Historia de la nación argentina*, dirigida por R. LEVENE, Buenos Aires, 1937).

PAOLO REVELLI, *Il Genovese* (Gênova, 1951), que não dispensa que se recorra ao seu *Cristoforo Colombo e la scuola cartografica genovese* (Gênova, 1937).

E principalmente R.E. TAVIANI, *Cristoforo Colombo, la genesi della gran scoperta* (2 vols., Novare, 1980), que é apenas o início notavelmente informado de uma biografia completa.

O congresso que se realizou em Gênova em 1951 permitiu a produção de um certo número de trabalhos que foram publicados nos três volumes dos *Studi Colombiani* (Gênova, 1952). Ver principalmente, no tomo II, o estudo de PEDRO DE LETURIA, S.J., "Ideales politico-religiosos de Colón...", que dá detalhes precisos sobre os objetivos religiosos de Colombo.

Índice onomástico